校园篮球文化建设与教学创新探索

XIAOYUAN LANQIU WENHUA JIANSHE
YU JIAOXUE CHUANGXIN TANSUO

商允祥 著

中国出版集团有限公司
研究出版社

图书在版编目(CIP)数据

校园篮球文化建设与教学创新探索/商允祥著.——北京:研究出版社，2022.12

ISBN 978-7-5199-1399-1

Ⅰ. ①校… Ⅱ. ①商… Ⅲ. ①篮球运动—校园文化—体育文化—建设—研究②学校体育—篮球运动—教学研究 Ⅳ.①G841

中国版本图书馆 CIP 数据核字(2022)第 240567 号

出 品 人:赵卜慧
出版统筹:丁 波
责任编辑:谭晓龙

校园篮球文化建设与教学创新探索
XIAOYUANLANQIUWENHUAJIANSHEYUJIAOXUECHUANGXINTANSUO
商允祥 著
研究出版社 出版发行
(100006 北京市东城区灯市口大街 100 号华腾商务楼)
北京建宏印刷有限公司印刷 新华书店经销
2022 年 12 月第 1 版 2022 年 12 月第 1 次印刷
开本:787 毫米 × 1092 毫米 1/16 印张:15
字数:225 千字
ISBN978-7-5199-1399-1 定价:58.00 元
电话(010)64217619 64217652(发行部)

本书为山西工程技术学院 2021 年度“优秀学术专著出版支持计划项目”

本书为 2021 年山西省“十四五”教育规划课题《高校篮球运动员功能性体能训练研究》（课题编号：GH21—156）的研究成果。

本书为 2021 山西工程技术学院教学改革创新项目《高校篮球运动员功能性体能训练研究》（课题编号：20210090021）的研究成果。

本书为中国大学生体育协会共研课题《面向人人的中国大学生体育竞赛方法与组织创新》（课题编号：L202104009）的研究成果。

前　言

在我国不断加大体育体制改革、大力发展社会主义市场经济、大幅度提升广大群众生活水平的时代背景下，高品质的健康生活观念也在逐步渗透到社会各类群体的心中。因为篮球运动开展简便、活动强度可调节、适宜多种体质的人群参与，所以逐步发展成了广大群众日常身体锻炼中的重要运动项目。对于学校来说，校园篮球文化是学校文化的一个重要组成部分，在培养学生的过程中发挥着重要作用，篮球运动不仅有助于提升学生的综合素质，还对学生的行为规范、人生观、价值观的形成和发展有重要影响，篮球运动的文化功能和教学作用已经越来越明显，校园篮球文化的建设情况和篮球教学的实际效果受到越来越多的重视。

为推进校园篮球文化的建设，改善篮球教学实践的整体效果，夯实校园篮球文化建设与教学创新的理论基础，为建设校园篮球文化和创新篮球教学活动提供指导，促使学生自觉学习篮球运动理论和技、战术，激发教师创新篮球教学的热情和主动性，促使师生自觉成为校园篮球文化建设的践行者，最终使校园篮球文化和篮球教学活动更好地服务于学生，特撰写了《校园篮球文化建设与教学创新探索》一书，以期为篮球文化和篮球运动在校园中的良好发展贡献力量。

本书集科学性、系统性、实践指导性为一体，在撰写过程中，还突出了以下特点：首先，本书尽量做到逻辑清晰、结构完整、系统全面；其次，本书对篮球教学和训练的科学认知均建立在科学学科基础和科学教学与训练理论的基础之上，指导性强、实用性强；最后，本书是在我国体育教学改革与发展的教育背景下对篮球教学与训练进行的科学探索，充分体现了时代性。

在撰写本书的过程中，参考与借鉴了很多专家、学者的研究成果，在此表示诚挚感谢。由于水平和精力所限，书中难免有不妥之处，敬请广大读者批评指正。

编者

2022 年 10 月

目 录

第一章　校园篮球发展与篮球文化研究概况

校园篮球是我国篮球运动的重要组成部分，其发展离不开篮球文化的支撑。本章先后探讨了篮球运动的起源和发展，分析了世界篮球发展的历程和趋势，介绍了我国篮球的发展概况。也阐述了我国校园篮球的发展概况，并提出发展对策。还对我国篮球文化研究的现状作了梳理，并进行相关研究的展望。

第一节 篮球运动的起源与发展

一、篮球运动的起源

1891年，美国马萨诸塞州的一所基督教青年会国际训练学校的体育教师——詹姆斯·奈史密斯(后称“奈史密斯”)首创了篮球运动。

由于冬季的马萨诸塞州较为寒冷，组织学生在室外上体育课会产生诸多不便。为了让学生在冬季继续保持锻炼,奈史密斯将室外的一种投篮游戏移至室内。当时,他选用足球作为游戏用球,并将摆在地面上的筐子悬挂于室内场地两侧,距离地面约3.05米。游戏规则与在室外投篮时完全一致,依然是向筐内投掷,投入筐内得1分,并以得分多少决定胜负。另外,在器材方面,最初使用的是带有底部的篮筐。每次进球后都需要有人爬梯子将球取出，然后再继续比赛,既不方便又耽误大量的时间,因此改为将篮筐取下拿球。但这种方式“换汤不换药”,还是较为麻烦。所以又将竹篮改为活底铁篮,即进球后通过篮下的手动装置让篮筐的底部打开,从而使球自然掉落下来。之后,篮筐底部彻底改为铁圈下挂网,挂在两端墙壁的立柱支架上。再后来,为了避免球被投掷到场外,便在篮筐后面增加了挡网。这使得有些国家(如韩国)至今仍将篮球运动称为“笼球”,意为在笼中进行的球类比赛。

起初人们将这种游戏称为“奈史密斯球”或“筐球”。后来奈史密斯与同行经过推敲,最终将其定名为“Basketball”,英文直译为“篮筐球”,简称为“篮球”。通过不断实践,篮球成为一项身体接触十分频繁且有较强身体对抗的运动。因此，为了使篮球运动中的对抗变得更为正常、合理，同时避免因不合理对抗而产生的运动受伤情况，奈史密斯及相关篮球工作者们便开始制定一些限制性的规定，如身体对抗接触的方法、规则等。而篮球运动在后来的发展过程中，也得到了组织者不断地完善和改进，从而其规则变得更加规范和完善。

1932年，国际业余篮球联合会正式更名为国际篮球联合会。伴随着国际篮球联合会的成立，世界篮球运动进入了快速发展时期。时至今日，共有200多个国家和地区加入该组织。

二、世界篮球运动的发展历程 ▶▶▶

世界篮球运动的演变发展，大体经过初创与试行阶段、完善与推广阶段、普及与发展阶段、全面提高阶段和创新改革阶段。

（一）初创与试行阶段

这一阶段主要是指19世纪90年代至20世纪20年代，这一阶段的篮球运动开展情况如下。

1.没有明确的竞赛规则，没有具体的场地尺寸，没有固定的上场人数，只在一块狭长的空地两端各放一只筐。

2.竞赛时把参加者均分为两队，分别以横排站在场地两端界限外。当主持竞赛者在边线中点把近似现代足球大小的球向场地中心点抛出后，两队便集体向落球地点奔跑抢球，随即便展开了攻守对抗。

3.竞赛以球进筐后记分，每球1分，累计得分多者胜，每进一球后都要按照开始时的程序重新进行。

为使游戏比赛合理进行，1892年奈史密斯将比赛场地分成三块区域。同时确定了比赛的要求，如不准个人持球跑，限制攻守对抗中队员间身体接触部位，以及明确了对悬空篮筐的装置要求等。

直到1915年，美国国内才统一了必须执行的比赛规则，其中重要的几项规定如下。

1.比赛时间分前后两节，各15分钟，节间休息5分钟。

2.掷界外球要在5秒内完成，超过5秒时，裁判员可判为违例，由对方发界外球。

3.某一方队员累计犯规达三次时,判对方投中一个球。

4.故意或者具有故意伤害性的犯规时,取消犯规者该场比赛的资格,而且不得换人。

5.可以用单、双手运球,但不允许用脚踢球,不准用手或脚打、绊、推、拉、捶对方队员,违者记犯规一次,若第二次犯规就判犯规者停止比赛,直到对方投中一个球后才可进入场地参赛。

6.比赛结束双方打成平局时,如果双方队长同意,可延长比赛时间直至先投中一个球的队伍获胜。

与此同时,比赛场地也逐步进行了变革,增画了各种区位的限制线。比如,中圈和罚球线,不久又增加了中线。篮圈也使用了较规范的铁圈,篮圈后部的挡网也由木质的挡板替代,并与篮圈连接,近似于现代使用的篮板装置。自此之后,竞赛程序改由中圈跳球开始,比赛中的队员也有锋、卫的位置分工,中锋、前锋在前场进攻,后卫负责守卫本篮并把球传给中场和前场的中锋和前锋。于是篮球运动在试行中不断地趋向完善。

到了20世纪20年代末,国际上虽然没有统一的规则,但上场队员已基本确定为5名,球场有了电灯泡式的限制区,罚球时的攻、守队员分列站位。但是,当时的攻守技术比较简单,大多是双手做几个传、投的基本动作,竞赛中主要是单兵作战的攻守形式,战术配合还处在朦胧阶段。

初创与试行阶段的1891年至1920年,篮球运动在美国各类学校中被迅速推广,并从1926年开始有了职业篮球队联赛。篮球运动伴随着美国文化先后向美洲、欧洲、亚洲、澳洲及非洲个别国家和地区传播,为现代篮球运动打下了坚实的基础。

(二)完善与推广阶段

这一阶段主要是指20世纪30年代至40年代。20世纪30年代开始,篮球运动有了飞快的发展,规则和技战术都得到进一步完善。这个阶段的篮球运动中,个人作战的基本形式逐渐被协防、掩护等几个人的相互配合代替。

为了适应并推动世界各国篮球运动的普及和发展,1932年6月8日在瑞士的日内瓦,由葡萄牙、阿根廷等8个国家的代表酝酿并成立国际业余篮球联合会。会上以美国大学生篮球竞赛规则为基础,初步制定了国际上统一的13条竞赛规则。其中的一些规则如下。

1.规定了具体的竞赛人数为5人。

2.进攻投篮时防守者犯规,若投中则加罚一次球,若未投中则加罚两次球。

3.场地上增改了进攻限制区(即将电灯泡罚球区扩大为直线罚球区的3秒限制区)。

4.竞赛时间由女子8分钟一节、男子10分钟一节,共四节,统一改为20分钟一节,共两节。

5.进攻队在后场得球后,必须在10秒钟内穿过中线再回后场。

到1936年的第11届奥运会时,篮球运动被列为男子正式竞赛项目,现代竞技篮球运动正式诞生,并开始登上国际竞技舞台。篮球运动也由此飞速发展。

到20世纪40年代,随着篮球技战术的不断演变和发展,特别是运动水平的提高和不断涌现高大队员后,比赛规则得到进一步充实和修改。主要有以下几方面。

1.严格了侵入犯规罚则和违例罚则。

2.篮板有了规范的长方形和扇形两种(如图1–1、图1–2)。

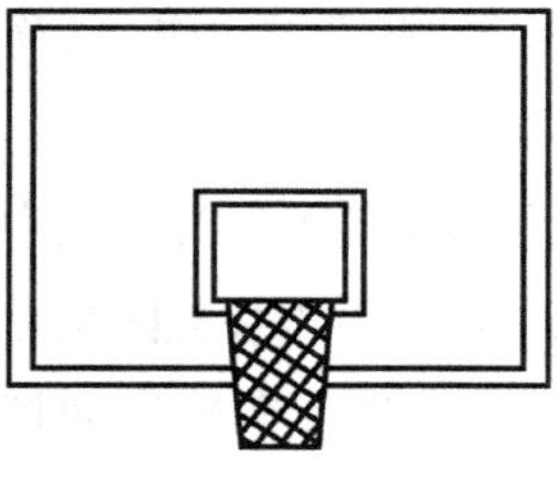

图1–1

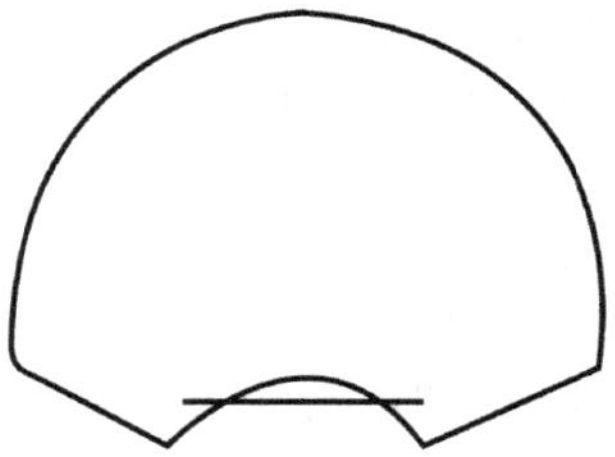

图1–2

3. 球场上的中圈分为跳圈和禁圈两个同心圈，在球场罚球区的两侧至端线,明确分设了争抢篮板球的队员分区站位线。

在之后的发展阶段里,篮球技、战术不断充实、发展,并各成体系地向集体对抗方向发展。到20世纪40年代末,进攻中的快攻、掩护、策应战术,防守中的人盯人防守、区域联防等战术、阵形和配合,已被各国篮球队广泛运用。

（三）普及与发展阶段

20世纪50年代至60年代，篮球运动在全球得到了广泛普及。随着篮球运动技、战术的创新发展，规则对技、战术的不断制约促进，篮球运动员的身高开始成为现代篮球竞赛中决定胜负的重要因素之一。这一阶段的篮球运动主要有以下几个特点。

1.利用高大队员强攻篮下的中锋打法风靡一时。1950年和1953年分别在阿根廷和智利举办的男、女首届世界篮球锦标赛中，高大队员威震篮坛，这极大地冲击了国际篮球运动，迫使篮球规则发生了一些新的改变，在场地、区域划分和时间上对进攻队增加新的限制。如20世纪50年代将篮下门字形限制区扩大成梯形限制区（图1–3），一次进攻时间限制为30秒；进入60年代中期的一段时间后取消了中场线（图1–4），到60年代末又恢复了中场线（图1–5）；等等。

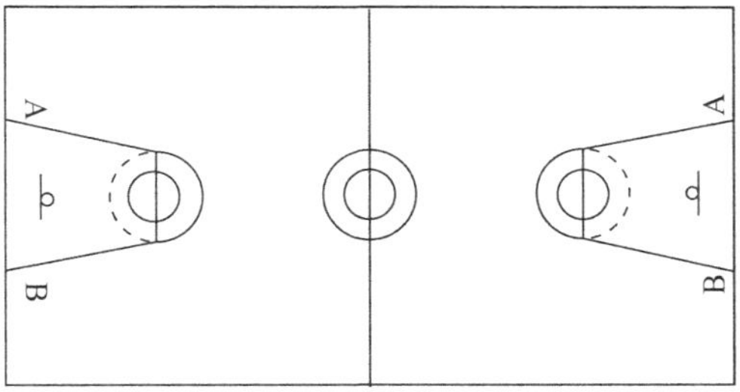

图1–3

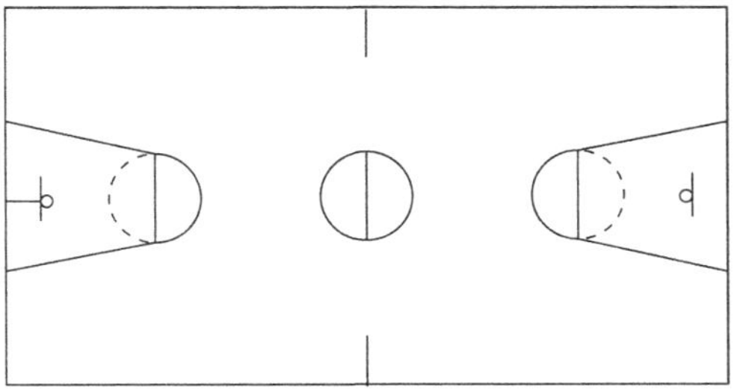

图1–4

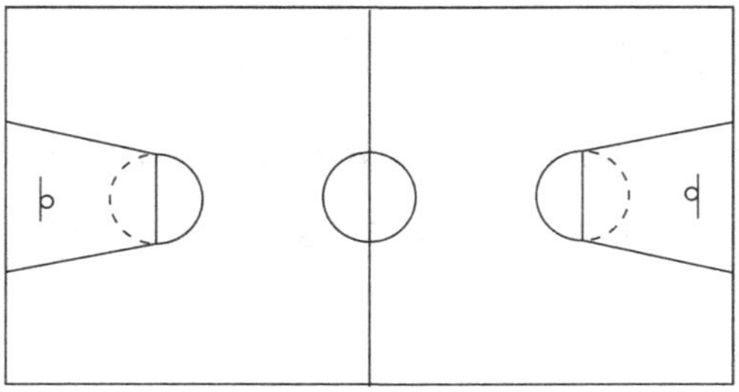

图1-5

2.到了20世纪60年代末，世界篮球运动开始形成以美国队为代表的高度与技巧相结合的美洲型打法；以苏联队为代表的高度、力量和速度相结合的欧洲型打法，以中、韩为代表的灵、快、准相结合的亚洲型打法。

3.攻守区域的限制、高度与速度的交叉渗透和互相促进，推动了攻守技、战术的全面发展。例如，进攻中的快攻、"∞"字移动掩护突破进攻、全场人盯人防守等都成为当时以快制高、以小打大的重要手段。

（四）全面提高阶段

到了20世纪70年代至80年代，随着篮球运动的发展，篮球技术和规则也得到了进一步的发展与完善。20世纪70年代后，世界篮坛涌现了很多身高2米以上的队员，篮球竞赛空间的争夺越发激烈。因此，规则对高大队员在进攻时做出了更多的限制和要求，以调动防守和身高处于劣势的队伍的积极性。

1973年至1978年，竞赛规则对犯规做出了数次调整和增设追加罚球的规定，促使防守与进攻技、战术在新的制约条件下，向既重视高度又重视速度、既有高度又有速度、既促进进攻又鼓励防守、攻守平衡的方向全面发展，同时也有力地促使运动员向智慧、技巧、多变的综合型方向发展。

在这段时期，进攻中全部的对抗技术、快速技术、高空技术在结合运用应变中进入技艺化。传统的单一的攻击性技术、机械的配合战术和相对固定阵形的打法，被全面的技术与整体性、综合性、频繁移动和穿插掩护的运动打法所取代。

在进攻技术发展的同时，防守技术也得到相应的发展。而且这一时期的防守更具有破坏性和威胁力。个人经常使用的远距斜步、弓箭步蹲站式干扰性防守和单一的整体阵形式防守战术，被贴身平步站位，积极抢距、抢时、抢位，身体有关部位主动用力地破坏性个体防守和带混合性、摧灭力强的集约性防守战术所取代。

1976年第21届奥运会篮球比赛和1978年第8届男子篮球世界锦标赛后，高速度、高身材、高技巧、多变化、大比分，特别是高空技术的新发展，成为现代篮球运动的新特点、新趋势。为适应这一发展，80年代中期篮球竞赛规则对进攻时间、犯规罚则又做了新的修改，对远投区和三分球有了新的规定。

（五）创新改革阶段

20世纪90年代后，国际奥委会出台政策，允许职业篮球运动员参加奥运会篮球比赛，世界篮球运动跨入一个攀登、创新，集智谋划、技艺化、竞技化于一体的发展新阶段。这标志着当代化篮球运动的整体内容结构和优秀运动队伍综合智能与技能、身体与体能结构以及运动员个体的体能、智能与掌握和运用篮球技、战术的能力结构发生了根本性的变化。在1992年在西班牙巴塞罗那举办的第25届奥运会上，美国“梦之队”的篮球技巧表演，把这项运动技艺演绎得相当完美，在很大程度上影响了篮球的发展，使之后的篮球战术和打法更为精练、多变、实用。1994年国际篮球联合会因运动员制空能力增强、空间拼抢激烈，为了让比赛的空间争夺更安全、更激烈、更合理和更具观赏性，对篮球竞赛规则又做了一些修改。如对篮板周边进行缩小，增加了胶皮保护圈等。并决定从2000年奥运会后实行一些新的规定，内容如下。

1.比赛分为四节，每节比赛时间为10分钟。

2.将球队每次进攻的时间从30秒钟缩短为24秒钟。

3.球由后场进入前场的时间限制为8秒钟。

4.奥运会和世锦赛可以实行三人裁判制度。

5.各队单节犯规次数累计达到四次，对该节以后发生的所有犯规都要处以两次罚球。

进入到21世纪后，世界篮球运动蓬勃发展，职业联赛发展迅速，大众篮球也方兴未艾，篮球运动朝着智、快、全、准、高、狠、变和技、战术运用技艺化的方向和风格多样、打法高效，以及高度文化性、高度观赏性、高度商业性的新趋势发展。

此外，为了进一步促进篮球比赛的进行，进一步适应世界篮球潮流的发展，国际篮联分别于2004年、2010年和2014年，对篮球规则先后进行了三次修改，2012年，国际篮联将世界篮球锦标赛改名为篮球世界杯，并更改了相关赛制，进一步扩大了篮球运动在世界上的影响力。

三、世界篮球整体发展趋势 ▶▶▶

纵观当代世界篮坛，篮球运动仍然往高度、快速、精准、全面这四个方向发展。而运动员各项素质的全面提高让人仿佛感觉到比赛场地越来越小，比赛节奏越来越快，投篮命中率越来越高，竞赛比分越来越高。

（一）“高度”被赋予新的含义

篮球运动的“高度”，在新时代被赋予新的含义。世界各队纷纷重视运动员的身高，每一届大赛中全队的平均身高都在逐渐增高。随着高大运动员大量涌现，空中的碰撞更加激烈，能否占有制空优势，是球队能否取得胜利的关键。高个子球员往往是一支球队的核心，是球队战术的发起点。高大球员的配合战术不断革新，为世界篮球发展带来了新的变化。

（二）“快速”延伸到每个攻防

打过篮球、看过篮球比赛的人都知道，篮球比赛中每次进攻都要在24秒内完成。进入21世纪，世界各队强调了“快速”的要求，掀起了全面快的浪潮。而快速进攻对比赛产生的直接变化就是出手次数多，进攻回合多，令观众大呼过瘾，使比赛的观赏性大大增强。

（三）“精准”体现在每次投篮

篮球比赛设立3分线以来，逐渐受到各队的重视。因为3分球比普通的内线球得分要多1分，因此投3分球往往能达到事半功倍的效果。经过几十年的发展，球员的外线投篮命中率越来越高。而近两年来NBA中的强队都特别热衷于远投。在NBA中，3分球是衡量进攻球员是否全面的标准，以往投3分球的都是打后卫和小前锋的小个子球员，然而21世纪以来，出现了不少以投篮精准见长的大个子球员。

(四)"全面"表现在球员的技、战术

现代篮球运动对球员的要求是要具备各方面的素质。一个"全面"的球员既有弹跳,又有速度,身高、力量也不差;进攻上既能低位单打又可以外线远投,防守端既能防守大个子也能跟住小个子,能打多个位置。对教练员来说,拥有能力全面的球员,工作就会简单很多,但如何把这种球员安排在最适合的位置,也是一种能力的体现。

四、篮球运动在我国的发展 ►►►

(一)篮球运动的传入

1895年，现代篮球运动由美国国际基督教青年会派往中国天津基督教青年会就职的第一任总干事介绍到我国天津。因此,天津市可以称为我国篮球运动的发源地。1896年,天津基督教青年会举办了我国第一次篮球比赛,此后逐步由天津向北京、上海、广州、武汉、重庆等地的青年会组织、教会学校传播,并逐步推向社会,至今已有100多年的历史。如今篮球已成为广大人民群众喜闻乐见的体育运动项目之一。

(二)篮球运动在我国的发展历程

篮球运动在我国的发展不断受到政治、经济、文化等因素的影响,主要历经以下几个阶段。

1.缓慢普及阶段

这一阶段,主要指的是1895年至1948年,这一阶段的中国,还处于新中国成立之前,社会各项事业的发展都很缓慢,篮球运动也不例外。但是随着在学校的普及,篮球运动也渐渐传入到社会。1910年中华民国举行的第1届全运会上,男子篮球被列为表演项目;1914年的第2届全运会，男子篮球被列为正式比赛项目;1924年第3届全运会,女子篮球被列为正式比赛项目。1921年在上海举办的第5届远东运动会上,中华民国篮球队获得冠军。此外,中华民国还派队参加了

1936年和1948年的第11届、第14届奥运会的男子篮球比赛。1936年的奥运会期间，中国篮球协会正式成为国际业余篮球联合会成员。当然，篮球运动在军队和人民群众中也开展得如火如荼，当时负有盛名的球队有贺龙元帅组织的“战斗”篮球和由抗日军政大学三分校以东北干部为主的“东干”篮球队，这些队员们个个意志坚强、技术扎实、体能充沛，给当地军民留下了深刻印象，有力地推动了篮球运动在解放区的发展，发扬了我国部队篮球队的优良传统，为新中国的篮球运动和体育事业的发展做出了积极的贡献。抗日战争胜利后，北京、天津、上海等地出现了很多篮球队，为新中国篮球运动的发展打下了坚实的基础。

2.曲折发展阶段

中华人民共和国成立后，篮球运动在中国的普及、传播和发展进入一个新阶段。1950年苏联男子篮球队在我国的8个城市参加了33场比赛。在同苏联队的比赛过程中，发现了我国篮球队与强队的差距。于是，体育主管部门决定快速建设一批专业的篮球队伍。1951年，我国选拔出了首批男、女篮球国手(称中央体训班)。1954年开始组织全国比赛，1957年根据运动员运动技术水平组织甲、乙、丙等级赛和青少年等级赛。1958年至1965年是我国篮球运动健康、迅速发展的一个阶段，为备战第1届全运会，各省体委都成立了专业篮球队，通过对这一时期的比赛进行探索和研究，总结出了这一阶段我国篮球运动发展的特点形成了“积极主动、快速、灵活、准确”的技术风格和“跳投、快攻、紧逼防守”的技、战术特点。这一时期，我国篮球运动发展迅速，在篮球队伍建设、篮球赛制建设、篮球科学水平建设等方面，都取得了很好的成就。

1966年“文化大革命”开始后，体工队被下放基层进行劳动锻炼，严重影响了正常的训练和对外交流比赛。1971年国家体委召开了全国体育工作会议，制定了体育事业第四个五年计划(1971—1975年)，由此我国基层篮球运动逐渐得到普及。

1976年，国际篮球联合会恢复了中国篮球协会的合法席位，这一事件促进了我国篮球运动的进一步发展，使我国篮球水平进一步与国际接轨。之后，我国恢复了篮球的等级赛。同年，我国男篮参加了第8届亚洲男子篮球锦标赛，并获得冠军。在1977年第9届亚洲男子篮球锦标赛上，我国男子篮球队再次获得冠军。1978年，我国男篮参加了第8届世界男子篮球锦标赛，既使我国篮球走出亚洲，进一步拓展了视野，也了解到了现代篮球运动的发展趋势，并在实战中了解到世界男篮强队各种风格和流派的打法。

1981年年底中国篮球协会在杭州召开了全国篮球训练工作会议，提出“冲出亚洲，走向世界，勇攀高峰，为国争光”的口号。1984年，在第23届奥运会上，我国女篮取得了第三名的好成绩。在1992年的第25届奥运会上，我国女篮取得了第二名的优异成绩，进入世界强队的行列。而我国男子篮球也表现不俗，在保持亚洲霸主地位的基础上，于1994年的第12届男子篮球世界锦标赛上首次取得了前八名的好成绩。

这一阶段的中国篮球运动，虽然发展过程曲折，但还是取得了一些很好的成绩。群众篮球、竞技篮球都取得了明显的进步，篮球运动极大丰富了人们的业余生活，满足了人们的精神需求。

3.飞跃发展阶段

这一阶段主要是指1995年至2014年，我国进入了改革加速时期，经济、文化都快速发展，体育事业也不例外。在体育部门的领导下，篮球运动员们也更新观念、转变思想，不断深化改革。1997年，篮球运动管理中心正式成立，把全国甲A联赛改成了CBA联赛，并引进国际管理集团来运营联赛，极大地推动了中国职业篮球的发展。目前CBA已经成为中国的顶级篮球赛事，特别是外援制度的建立，极大地提高了联赛的水平，刺激了篮球市场的发展，引起了更多中国球迷的关注，为推动中国篮球的发展起到了非常关键的作用。

4.改革创新阶段

这一时期是指2014年以后，中国的体育事业到了蓬勃发展的阶段，其中主要的引擎是2014年10月份的国务院46号文件，即《国务院关于加快发展体育产业促进体育消费的若干意见》。这个文件的出台，彻底刺激了中国体育产业的发展，篮球运动也不例外。特别是随着生活水平的不断提高，人们对体育的需求越来越大，包括观赛需求和参与需求，都在不断提高。所以作为三大球之一的中国篮球，自然成了人们关注的对象。为了适应这种变化，中国篮协也在不断改革，特别是2019年的篮球世界杯，给中国篮球的发展带来更深远的影响。

（三）我国的顶级篮球赛事

1.中国男子篮球职业联赛

中国男子篮球职业联赛，简称中职篮（CBA），自1995年创办以来，从每年10

月底或11月初开始，至次年的4月左右结束，截至目前，已有多支球队夺得过总冠军。这些年来，CBA不断改革和发展，每次的比赛都能吸引很多人的关注和探讨，它为中国篮球培养出了很多优秀的运动员，目前已成为国内水平最高的篮球赛事。在姚明当选篮协主席以后，对CBA也进行了大刀阔斧的改革，更加关注联赛投资人的利益，不断深化对联赛的职业化改革，不断扩大联赛的影响力，促使其成熟、健康地发展。

2.中国大学生篮球联赛

中国大学生篮球联赛，简称CUBA，是由中国大学体育协会主办的高校篮球联赛，其宗旨为“发展高校篮球，培养篮球人才”，其模式参照美国的NCAA大学篮球联赛，中央电视台体育频道每年都会现场直播部分重要场次的比赛。CUBA联赛自1996年开始酝酿，1997年建立章程，1998年正式推行，设男子组和女子组，影响力仅次于CBA。从CUBA的口号“领悟篮球、领悟体育、领悟文化”，就能看出篮球对于广大学生的重要意义。近几年，CUBA的社会化、市场化程度越来越高，影响力越来越大，每年有700支左右的队伍参加比赛，2000万左右的大学生关注此项赛事，它已经成为中国大学生群体中的优质赛事和文化符号。随着篮球运动在大学生群体中的进一步普及，CUBA的影响力会越来越大。

（四）我国篮球竞技水平的发展

从篮球技、战术的发展趋势和篮球竞技水平来看，我国竞技篮球技、战术的发展特点主要表现为以下几个方面。

1.高度和灵活性的发展

篮球运动对身高有一定的要求，换句话说，篮球与高度的关系是非常紧密的。21世纪的现代篮球竞技比赛，可以说是巨人间的争夺战。现代篮球越来越重视运动员的高度，提高篮球运动中的制空能力是当前篮球竞技运动发展的重点之一。制空能力就是指控制并协调地向高空投篮进攻与高空防守的能力。由于篮圈距地面3.05米，所以篮球运动员必须要具备较好的自控条件和较高的制空能力。与此同时，还应在重视篮球运动员自然身高的基础上，重视加强和提高高大队员的身体素质和制空能力，进而提高其实战能力，以便在比赛中充分发挥制空优势。

此外，除了追求高度，还应重视篮球运动技、战术的灵活运用。当前世界篮球竞技比赛的空间争夺越来越激烈,高大篮球运动员也逐渐实现了高中有灵、高中有巧。在这种形势下,我国篮球运动员应不断地保持良好的弹跳能力和敏捷的奔跑速度,并与精湛的篮球技术和技巧融为一体,在强调高度的同时,也强调灵巧性,两者有机结合。

2.速度和准确性的发展

要想真正提高我国篮球竞技运动水平，就必须从提高篮球运动员在比赛中的运动速度和传接球、投篮的准确性方面下功夫。这是因为速度可以争取时间,而准确性是掌握比赛主动权、投篮得分的基础。

现阶段随着国际篮球比赛规则对比赛中进攻时间的不断限制，使得整个比赛的速度不断加快,战术变化的要求也进一步促进了进攻速度的提高。在攻守转换的速度方面球员们也非常重视有节奏地加快，从而增加了快攻反击的次数，提高了快攻的得分率，在速度和高强度的对抗中保持较高的投篮命中率。以速度争取主动,以争取时间来完成对时间的控制,从而获得预期的比赛结果。这是世界篮球运动比赛对抗的特点和趋势,也是当前我国篮球竞技运动的重要发展方向。

现代篮球运动竞争日益激烈，要求篮球运动员在比赛中有快速的反应能力,而未来篮球比赛将会变得更加紧张、激烈。这个趋势要求运动员在保持成功率的前提下提高速度,否则就会对比赛的胜利产生一定的影响。

现代篮球运动对“准”有较高的要求,这不仅体现在投篮准这一点上,也体现在掌握个体动作的规范和准确上。具体来说,其主要体现在以下几个方面:转换技、战术判断时间的准确性高,运用技术时机的准确性高,3分球投篮命中率高。因此,要在保证成功率的前提下提高速度。如果以降低成功率来换取速度的提升,将会导致运动员失去良好的比赛时机。

3.技术全面与突出特长

纵观全球顶级篮球队,其运动员大多具有较为全面的技术,同时不同篮球运动员还有各自的特长。篮球运动员不仅要能攻善守,而且还要在某一项技术上超于常人。因此,技术全面和拥有特长不仅是现代篮球运动发展的要求,也是一个趋势。这对我国篮球竞技运动的发展有着重要的启示。

当前我国篮球运动员越来越重视技术的全面性，同时突出个人技术风格和特长。全面的篮球技术可以为篮球运动员在比赛对抗中灵活运用篮球技术和战术奠定基础，而运动员通过实战中对某一项技术在进行不断地提炼和创新,形成自己的特长技术。这是我国篮球竞技运动发展的特点之一,也是重要的发展趋势和方向。

4.集体力量与帅才结合

作为一项集体性的运动项目,在篮球运动的比赛中,集体的力量起着非常重要的作用。要想获胜,首先要使全队的水平得到有效的发挥,这是获胜的基础。但集体力量的发挥还需要熟悉篮球运动发展规律且有个性篮球理念和管理、训练风格特点的智谋型帅才。高智慧、高修养、高素质、高水平的教练员对篮球运动比赛有着非常重要的影响,具体表现在两个方面:一方面,对球队的组建和球员的凝聚力、战术风格的形成和发展起重要作用;另一方面,临场执教的水平,尤其是在比赛的关键时刻,能够使士气得到较好的鼓舞,也能够使全队的心态得到较好的调整,以及比赛中及时地变换阵法、调整阵容,往往能转化场上的比赛形势。

第二节 校园篮球的发展概况

近年来,随着我国校园体育的不断改革和篮球运动的不断发展,校园篮球在我国各地逐渐开展起来,发展势头也越来越好。

一、我国校园篮球发展现状

我国的校园篮球主要分为中小学校园篮球和高校校园篮球。

(一)中小学校园篮球发展现状

目前,在我国大部分省市,中小学校园篮球的开展主要是以体育课中的篮球课为主。体育教师通过教授学生一定的篮球运动技能,使学生学会篮球基本知识,掌握一定的篮球技术和战术,学生们也利用课余时间参加篮球活动,从而促进篮球运动在校园的普及和发展。此外,我国的一些中小学是篮球传统校,它们有自己的校园篮球队,球队会去参加市级或省级的中小学生篮球比赛,以此推动校园篮球的发展。

随着这几年国家和社会对青少年体育以及学生体质的关注,校园体育得到一定程度的发展,特别是三大球项目得到了前所未有的发展机遇,如校园足球已经在我国各地如火如荼地开展起来。对于校园篮球来说,这两年也迎来了很好的发展机遇,教育部于2016年8月出台了《教育部办公厅关于校园篮球推进试点工作的通知》,指出要推进校园篮球工作,并成立了全国校园篮球联盟,旨在促进学生身心的健康发展。此外，一些省市的校园篮球也得到了政策的支持，如江苏省专门出台了《关于开展江苏省青少年校园篮球活动的意见》，为进一步开展篮球进校园活动提供了保障。山西省也于2017年4月成立了山西省校园篮球协会，旨在推动山西省校园篮球的快速发展。

由于校园篮球的实施计划在我国也是刚刚起步，所以仍然存在一定的问题，主要表现如下。

1.学生对篮球价值认识的不足

校园篮球不仅是一种校园体育的简单形式，而且是价值观念为核心的一种特殊文化现象。就目前来说，绝大多数中小学生认为篮球仅仅是一项普通的体育运动。所以校园篮球教育不能仅仅停留在如何打球、增强体质方面，更重要的是挖掘篮球运动的育人功能，使广大中小学生在篮球运动中获得更多人格方面的收获。

2.教育工作者对篮球价值认识的局限

不仅仅是学生，一些中小学的教育工作者也认为篮球仅仅是一种竞技项目罢了，没有对篮球运动予以更高的重视。一些中小学的校长把校园篮球看作是多举办几场篮球比赛、多花时间组织学生进行篮球活动，没有意识到对学生进行篮球文化教育的重要性。这直接导致中小学校园篮球文化失去更大的发展空间，从而无法形成篮球运动文化氛围。

3.学生参与篮球运动的动力不足

由于我国的中小学生都面临着很大的升学压力，他们每天的学习任务很重，这使他们把主要精力花在学习上面，去追求更高的考试分数，而不愿意参加体育运动。加之篮球运动又是一项对技能要求较高的体育项目，学生们更不愿意花时间和精力在上面，所以中小学生参与篮球运动的动力明显不足。

4.部分地区缺乏专业的篮球教师

我国中小学校的篮球师资是严重不足的，特别是高水平的校园篮球教师。现有的大部分体育老师仍旧采取单一的教学模式，也就是对篮球基础知识的普及和指导，缺乏对篮球技、战术的指导。因此，有必要对各学校的体育老师进行篮球教学的深度培训。

5.篮球场地设施不足

由于体育在中小学教学中的比重不高，所以学校对体育场地设施的建设投入力度不大。此外,由于我国目前城市建设用地的紧张,很多中小学校园根本就没有空间用来建设体育场,篮球场地设施严重缺乏,不能满足学生的打篮球需求,这也成为制约我国校园篮球发展的一个重要因素。

（二）高校校园篮球发展现状

1.高校篮球课

（1）学生选课。选篮球课的男女生比例严重不均,男生多,女生少。由于高校体育课是自由选择,所以造成一个篮球班内学生的篮球水平参差不齐,使教师的教学计划和安排难以实施。

（2）篮球教师教学。许多高校的篮球课都以基础篮球技术教学为主,削弱了篮球的自由性和娱乐性。在单调的学习过程中学生体会不到篮球运动的魅力与乐趣,更无法体会篮球运动的根本内涵。在篮球课上,学生往往被动地接受老师的指挥,忽视了自身的情绪体现,打球的创造性和活跃性受到了打击。

（3）篮球课考核。当前大多数的篮球课的教学评价以终结性评价为主,忽视了学生课中的情感表现、上课态度和技能进步的评价。在篮球考核上,教师过多注重学生是否达到教学的要求,忽视了学生的个人能力和学习态度,从而导致有的学生基础比较差，认真练习后考试也拿不了高分；而有的学生基础好,平时不认真练习,但最后考试照样得高分。

2.高校课余篮球运动

高校课余篮球运动,包含闲暇篮球锻炼和篮球竞赛。闲暇篮球锻炼是学生利用课余时间进行篮球运动锻炼。篮球竞赛则包括校内竞赛和校级竞赛两种，校内竞赛指的是校内班级或者院系之间的竞赛，校级竞赛一般指的是我国每年的高校联赛。目前,我国高校有自己的大学生篮球联赛,包括中国大学生篮球联赛、中国大学生篮球联赛(阳光组)。这两个联赛都是在大学生体育协会的领导下进行的,前者是针对一些高水平的篮球运动员举办的篮球联赛;后者是大学生体育协会篮球分会为了扩大篮球在大学生群体中的影响力，针对普通大学生开展的篮球联赛。随着竞赛制度的完善和竞赛文化的传播,中国的大学生篮球联赛已经取得了非常好的效果,极大地促进了篮球运动在高校的发展。

3.高校篮球场地设施

高校篮球发展离不开基础设施建设，当前我国篮球运动特别是校园篮球进入了高速发展阶段。很多高校通过新建篮球场地，或者改造升级旧的篮球场地等途径来增加篮球场地设施，以此来应对学生越来越高涨的篮球热情。但部分高校仍因为经费或者建设用地不足等原因，面临篮球场地设施不足的情况，这是需要多方协调才能解决的问题。

二、我国校园篮球发展的对策 ►►►

（一）积极落实相关政策

目前教育部已经下发了发展校园篮球的政策文件，并选出部分省市进行试点工作。相关的政府管理部门和学校应该积极落实相关政策，主动承担起校园篮球发展的责任，各个部门之间应该尽量协调配合，如教育部门和体育局的各部门之间既要履行各自的职责也要相互配合，积极推动校园篮球的发展。

（二）加大校园篮球文化的建设

目前，篮球文化还不能在我国的校园里占据一定的地位，而校园篮球文化的构建对校园篮球的发展起着非常关键的作用。因此，首先应该加大篮球基础设施的建设，使校园中具有一定的篮球物质文化基础；其次，应该不断加大篮球课程的开发，吸引更多的学生参与到篮球运动中来；最后，应该积极开展各种篮球比赛活动，形成一定的篮球竞赛氛围，使更多的学生通过观看篮球比赛喜欢上篮球运动，进而学习篮球技能，参与到其中，从而促进校园篮球的发展。

（三）促进“体教融合”的发展

从发达国家的篮球发展经验来看，“体教融合” 是最成功的篮球人才培养模式。中国篮球运动的发展也应如此，而“体教融合”的关键是校园篮球的发展，因此，应该设计一套“体教融合”的校园篮球发展模式。校园篮球应该作为青少年篮球人才的培养土壤，体育部门应该积极与教育部门合作，如体育部门可以派高水平的教练员进入校园，指导学生的篮球训练。而教育部门应该积极在校园里为高水平的篮球运动员提供一定的训练设施，从而不断提高校园篮球水平。

（四）构建“小学—中学—大学”的完整竞赛体系

目前，我国的校园篮球刚刚起步，还没有形成完整的竞赛系统。小学层面，基本没有系统的篮球竞赛体系。而在发达的篮球国家，学生们从小学就开始参加各种篮球比赛，从而磨炼自己的篮球技能，提高自己的篮球水平，我们在这方面还差距很大。中学层面，一些省级的中学生体育协会会举办中学生体育比赛，但这些运动员都是来自一些篮球传统学校或体育运动学校，覆盖的范围太窄，没有起到校园篮球应有的作用。大学层面，我国已经建立了比较完善的竞赛系统，即中国大学生篮球联赛，但是没有形成“小学—中学—大学”的竞赛输送系统，使得联赛的影响力不是很大。因此，应该积极构建校园篮球的“小学—中学—大学”篮球竞赛系统，从而促进校园篮球的快速发展。

（五）积极培养校园篮球教师

我国中小学的体育教师数量严重不足，专门的篮球师资更为缺乏。因此，要想促进校园篮球的发展，必须加大对校园篮球师资的培养，借鉴校园足球的师资培养经验，利用各方力量积极培养校园篮球的师资。目前，我国已成立了全国校园篮球联盟，它是由首都体育学院牵头组织，主要工作便是培养校园篮球教师。

（六）开展篮球明星进校园活动

对于校园里的青少年来说，篮球明星很大程度上影响着他们对篮球的喜爱程度。姚明在NBA取得的成功，使一大批中国青少年爱上篮球；而一些NBA球星，则极大地带动了青少年对篮球的关注。随着中国篮球职业联赛的发展，我国也涌现了一批篮球运动明星，如易建联、郭艾伦等。因此，应该积极利用这些资源，选取适当的机会，开展篮球明星进校园活动，以此来提高学生们对篮球的关注度和喜爱热情，使他们积极参与到篮球运动中来，从而促进校园篮球的进一步发展。

（七）引进社会资本，助力校园篮球发展

校园篮球的发展离不开资金的支持，由于目前我国还没有形成很好的体育认知和篮球氛围，学校一般不会投入很大的资金发展校园篮球。因此，为了

促进校园篮球的发展,必须引入社会资本,适当地运用市场化、商业化的手段吸引社会资本对校园篮球的投入,从而解决校园篮球资金短缺问题,助力校园篮球。

第三节 篮球文化研究的现状与展望

一、我国篮球文化研究的现状

随着篮球运动的快速发展，篮球文化的研究受到了众多篮球界人士的广泛关注和重视，在部分领域取得了一定的成果。但就整体而言，我国对篮球运动文化的研究尚处于初级阶段，也存在一定的盲目性。从研究方法来看，大多数研究都过多地采用文献资料法，忽视了对社会学和文化学等学科的研究方法的借鉴，侧重于研究一些篮球文化现象；研究视角也局限于校园篮球文化、篮球文化理论体系的构建以及中美篮球文化的对比研究；就研究议题来看，大多数研究者的学科背景单一，在对问题的看法上有着很大的趋同性，缺乏创新，于是出现了很多议题相近、观点相似的文章。例如，通过CUBA的良好发展，人们对其前景给予了很多期望，通过对比中美篮球人才培养方式，来大胆预测我国未来的国家队球员也应来自各大院校，但实际结果令人失望。

通过中美篮球文化对比以及我国传统文化对篮球运动发展的影响等研究结果来看，我国传统儒家思想文化中的不争处世哲学会给我国竞技篮球带来一定的消极影响。但在田径、网球、散手、赛艇等项目中，运动员的精彩表现完全可以印证我国传统文化对竞技运动的发展能够发挥更多的积极影响。因此，我们要始终保持文化自信，而不是否定流传几千年中华民族的灿烂文明。

从篮球运动在我国发展为一项拥有广泛群众基础、大量运动场地以及被广泛开展的体育项目来看，篮球运动与中国文化有着高度的融合性。当然，根据矛盾对立统一观点来看，我们也不能否定篮球运动与中国文化有着一定的冲突性。但即使在篮球运动的发源地，其与西方文化也是存在冲突的。这就需要我们对我国民族传统文化给篮球竞技带来的影响进行全面审视，既要了解负面影响，也要明确其促进作用。

关于对我国篮球文化的研究还可以从以下几个方面来进行。

（一）篮球文化概念的研究

学者们对篮球文化概念进行了一定的研究，主要有以下几种。有的学者认为，广义上的篮球文化概念隶属于体育文化的范畴，是通过篮球运动的表现形式来体现体育价值观、体育道德观的社会意识以及围绕篮球运动所创造的物质财富和精神财富的总和；狭义上的篮球文化概念，是指人的感受性、价值观、篮球运动的思想、观念和意识通过篮球活动得以体现，促使参与者获得全面的身心发展。有的学者认为，篮球文化概念是指参与和观赏篮球运动的人的思维方式和行为方式通过一定的制度进行凝结所形成的与篮球相关的知识、技能、风俗和制度的总称。也有学者认为，篮球文化概念是社会大文化的一个细小分支，是世界各地不同的人群，通过对篮球运动的具体特征和相关特性进行不断总结形成的内容形式和方法的总称。这些不同视角的解读，丰富了篮球文化概念的范畴，为进一步理解篮球文化提供了一定的思路，但目前还没有形成一个完整的、系统的篮球文化概念，还需要进行进一步的研究。

（二）篮球文化的内涵与理论框架的研究

关于篮球文化内涵的研究，主要是对篮球文化的进一步挖掘。金赛英认为，篮球运动是一种特殊的文化符号，篮球运动起源于游戏，趣味性是篮球运动的文化符号，而篮球运动的文化价值，又促进了人类自身的有序生存和持续发展。郭永波认为，篮球文化是体育文化的一个子文化，它以文化学、体育学为基础，主要包括精神文化、制度文化、物质文化和象征文化。精神文化主要是指篮球的思想、观念、精神和谋略等；制度文化是指篮球的规则、比赛秩序；物质文化主要是指篮球、篮球架等实物；象征文化是指篮球的队徽、队旗以及会标、会徽等。这些文化构成了篮球文化的理论框架。

（三）篮球文化演进过程的研究

关于篮球文化的演进过程，学者们也进行了一定的研究，他们认为篮球文化是随着篮球运动的发展不断演进的，主要经历了三次发展的浪潮。第一次浪潮发生于20世纪30年代，标志是1932年国际业余篮球联合会的成立，篮球规则的初步统一，1936年奥运会男子篮球被列为正式比赛项目。这个时期篮球文化的特点主要是娱乐性和健身性。第二次浪潮发生于20世纪40年代末到80年代，标志有美国NBA职业联赛的开始，篮球规则的不断发展，场地设施的不断完善。这个时期的篮球文化特点是竞技性、篮球赛事的传播性、球员的个性展示。第三次浪潮是从20世纪90年代至今，标志是允许职业运动员参加国际篮联的比赛，篮球比赛充满着商业化和产业化的气息。这个时期篮球文化的特点是科技性、商业性和产业性。

（四）篮球文化特征的研究

篮球文化特征的研究是篮球文化研究的一个热点，篮球运动之所以有一百多年的历史，主要是因为其独有的文化特征，包括全面性和体质性，社会性和个体性，全球性和民族区域性，竞技性和谋略性等。随着社会的不断发展，篮球文化的传播体系也逐渐完善，不断改变着篮球文化的特征，因此，需要不断对其特征进行研究。

（五）中外篮球文化的比较研究

对中外篮球文化的比较研究也是篮球文化研究中的热点问题，主要是针对NBA和CBA的比较研究，两者在文化形成和文化形态上都有不同，具有一定的民族性、传统性和时代性。此外，NBA和CBA都形成了自己独特的主场文化，两者有一些共性，同时也有很多不同之处。这些文化都是篮球文化中的特色和亮点。

（六）中国文化与篮球运动发展关系的研究

从篮球传到我国开始，就受到我国文化的影响，关于这方面的研究也是不断增多的。我国著名的体育社会学家卢元镇认为，中国文化在特定的历史条件和背景下选择了篮球运动，并逐渐形成了独特的篮球文化。中国文化对篮球的认同可以从人类学、文化符号学、体育文化学以及时尚流行文化的角度来进行解释,中国篮球必须创造出属于自己的文化,从而屹立于世界篮球之林。还有学者从中国传统文化的角度对篮球运动在我国的发展进行了阐述，提出应该适应当代竞技篮球的发展趋势,发扬中国传统文化的优良传统,促进中国竞技篮球的发展,这为研究篮球文化提供了一个新颖的研究思路。

随着学者们对篮球运动的深入研究,关于文化和篮球运动发展关系的研究也越来越多,主要包括文化与竞技篮球发展的关系,篮球文化对学校体育的促进和发展,篮球文化对篮球市场的影响,市场运作对篮球文化的传播与创新,等等。此外,还有针对篮球文化与校园文化的互动研究,篮球文化可以促进校园文化的建设等。

(七)中国篮球文化的多元化研究

随着篮球在我国的不断发展,逐渐形成了一系列独特的篮球文化,主要包括街头篮球文化、娱乐篮球文化、校园篮球文化、球迷群体文化、球员文化、篮球啦啦队等,这些文化构成了多元化的中国篮球文化。因此,针对这方面的研究也越来越多,比如从文化社会学的角度,分析街头篮球文化的流行原因,分析“篮球宝贝”在篮球运动中的符号意义。

中国篮球的发展是学者们时时关注的话题，因此，他们从文化学角度出发,对中国篮球的未来发展路径与方向进行了一系列的研究,如通过对国外篮球文化的研究,分析中国男子职业篮球联赛(CBA)的相关制度,并与NBA进行比较研究,提供CBA发展的建议和对策。此外,学者们还通过分析篮球发展的根本文化动因,来指出中国篮球发展的出路和方向。

二、我国篮球文化研究的展望 ▶▶▶

通过分析我国篮球文化的研究现状,可以从以下几个角度,对我国篮球文化研究提出展望。

(一)研究篮球运动文化的内涵

对篮球运动文化内涵进行研究,主要解决以下问题。

1.篮球运动文化的概念。

2.篮球运动文化的本质。

3.篮球运动文化的独特之处。

4.篮球运动文化的特征。

（二）研究篮球运动文化的结构

篮球运动文化的结构是指组成篮球运动文化体系的所有要素及其所组成的子体系相互作用、相互联系的过程。进一步研究篮球运动文化的结构，有助于深入了解篮球运动文化，为促进篮球运动发展提供一定的支持。

（三）研究篮球运动文化的功能

篮球运动在不断的发展过程中，形成了独特的文化，这些文化也具有一定的功能性。因此，研究篮球运动作为一种社会文化现象，如何适应不断变化的人群，并发挥自己的文化功能，显得尤为重要。深入地研究篮球运动文化的功能，有助于更好地建设篮球文化，促进篮球文化的发展。

（四）研究篮球运动的精神文化

精神文化是篮球运动文化的核心。之所以能够将篮球运动作为一种文化现象来进行研究，这主要归功于对其精神性的肯定。在以往篮球运动文化的发展中，人们主要是对篮球运动文化物质层面的感知，而对其精神层面的认知比较缺乏，不能对篮球运动文化的价值进行全面的认定。因此，只有分析篮球运动文化所具有的精神属性，我们才能客观地对篮球运动文化的特征和性质进行了解，才能认识到篮球运动文化是一种社会意识形态现象。而对于篮球运动的精神文化部分在发展中能够发挥多大的功能，各国的政治和经济是否对其产生影响，将成为我们对篮球运动精神文化进行探索的一个新方向。

（五）进行中外篮球文化的比较研究

篮球作为一项世界运动，在世界各地都形成了独特的篮球文化。因此，有针对性地对中外篮球文化的比较研究，如与美洲、欧洲等发达国家篮球文化的对比研究，从中汲取有益的经验，取长补短，有助于我国自身篮球文化的建设，促进我国篮球运动文化的发展。此外，进行中外篮球文化的比较研究，可以增加我国文化交流的新形式，从而促进我国文化的丰富多彩。

（六）研究中国篮球的球迷文化

据有关数据显示，目前我国有2亿篮球迷，形成了庞大的球迷群体。这些球迷通过观看篮球比赛、参与篮球比赛、追逐篮球明星、购买篮球装备等方式，形成了独特的球迷文化。此外，由于NBA在我国球迷群体中的广泛影响，也产生了不同球队的球迷，每当有自己支持的球队进行比赛的时候，他们都会通过电视转播或网络转播收看比赛。业余时间，还会谈论球场上的各种话题，包括球星、球队、球员数据等，这些都逐渐形成了独特的球迷文化。因此，应该对中国篮球的球迷文化进行研究，进一步丰富和发展我国的篮球文化研究。

（七）进一步从文化角度研究中国篮球的发展方向

从文化角度研究中国篮球发展的方向和路径，一直是篮球文化研究中的热点。随着篮球在我国的不断发展，应该从文化角度进行更深入的研究，如从中国传统文化和现当代竞技篮球文化的角度，研究中国篮球的发展方向。

（八）结合中国篮球改革趋势，深入研究篮球文化

随着我国体育深化改革的进行和中国篮协改革的推进，我国的篮球事业迎来了改革发展的良好趋势。因此，应该加强我国篮球文化研究的力度，并结合我国篮球改革的实际情况，为我国的篮球改革贡献应有的力量。

（九）构建篮球运动文化的理论体系

虽然我国已经有很多针对篮球运动文化的相关研究，但尚未形成一个完整的理论体系。因此，应该对篮球运动文化进行深入研究，努力构建篮球运动文化的理论体系。

第二章　篮球文化内涵与多元体系阐析

当前，篮球运动的文化属性已经获得世界各国学者的肯定，深入研究篮球文化内涵和篮球文化多元体系，对我国篮球文化的发展具有深远意义，有助于我国篮球文化多元体系的进一步完善。为此，本章对篮球文化的概念与结构、特点与功能、内涵、多元文化体系逐一展开分析，从而为篮球文化的发展奠定理论基础，为篮球文化多元体系的建立与发展提供科学指导。

第一节 篮球文化的概念与结构

一、篮球文化的概念

《现代篮球运动研究》中将篮球文化定义为:以篮球运动为表现形式,体现体育价值观、体育道德观和社会意识,围绕篮球运动而创造的物质和精神财富的总和。

李元伟认为，篮球文化是观赏和参与篮球运动的人的思维方式和行为方式的制度化凝结,是篮球运动的知识、技能、习俗和制度的总称。它的核心是篮球价值观的群体共识,其实质是篮球的“人化”和“化人”。篮球文化既包括篮球参与者的观念文化，也包括篮球参与者的行为文化；既包括意识形态的软文化,也包括物质形态的硬文化。

孙民治认为,篮球文化作为人类社会文化的一个下位概念,是世界各地域人群通过参与篮球运动活动过程,围绕本体特征不断总结、创新、发展形成的各种有形与无形的、物质与精神的内容与形式方法的总称。

除此之外，还有一些学者指出篮球文化就是借助篮球活动取得人的感受性、价值观,由此反映篮球运动的思想、观念以及意识,从而促使篮球运动的参与者实现身体和心理的协调发展。

通过分析上述概念可知,学者们对篮球文化的概念提出了不同观点,但都指出篮球文化就是篮球运动参与者对篮球社会价值达成的共识。不管是物质财富和精神财富中的哪一种,“人化”和“化人”都紧紧围绕篮球运动的规律与特征。在特定的社会条件下,在向社会创造财富的前提条件下,彰显出篮球运动的社会价值,同时推动篮球运动持续发展。

笔者利用文化学的观点,结合体育运动自身的特点,将篮球文化定义为:伴随篮球运动的产生而产生的人们对篮球运动的认识和行为的社会反映,即在一定的社会环境下对篮球运动自身特点、规律理解的社会反映,以及由此产生的篮球运动对于开展地区的直接和间接的价值体现。

二、篮球文化的结构

篮球文化的结构如图 2-1 所示,由精神文化、物质文化、环境循环催化、系统自组织与创新组成。具体来说,精神文化是指篮球理论与思想;物质文化是指各级篮球运动组织、协会和管理篮球运动的政府机构,也包括篮球运动的场地、器材、队员;环境循环催化是指系统内部环境和系统外部环境在边际开放后逐步形成的物质、能量以及信息,被系统主动吸收后使精神文化和物质文化的作用持续加快,最终使得系统变异与系统选择持续进行;系统自组织与创新是指篮球运动的精神文化和物质文化彼此作用,进而形成持续复制与再生产的扩大效应。

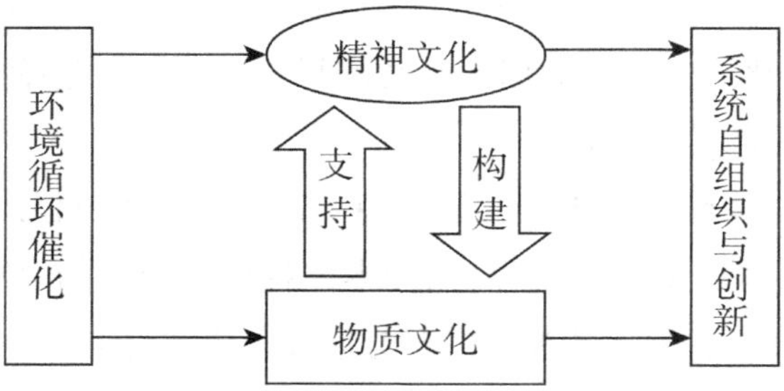

图 2-1　篮球文化结构图

第二节 篮球文化的特点与功能

一、篮球文化的特点

篮球运动蕴含的体能、技巧、智慧和欲望等基本元素，决定了它的文化特性与文化价值，也是其历经百年而长盛不衰的重要原因。

（一）时间性和空间性

文化时间是人类活动确定节律性、连续性的反映，是传统与创新关系的永恒课题。文化空间是人类活动的产品和领域。篮球运动在规则上体现出了明显的时空特征，时间特征主要体现为 3 秒、5 秒、8 秒、24 秒，空间特征主要体现为边线、底线、限制区、2 分区、中线和干扰球。分析篮球运动的发展历程可知，篮球运动对时间和空间的限制经过了逐步完善的过程，旨在加快篮球进攻节奏、增加篮球比赛强度，使篮球运动的观赏性特征更加显著。

篮球运动在空间位置上主要体现在地面与空中、前场与后场、中路与边路、罚球线上与下等。在战术上则表现为快速的战术行动。而篮球运动多维的战术空间，连续比赛以及赛中错综复杂的场面，战术的制定安排上都具有明显的时空性特征。

在规则逐步演变的过程中，篮球场的三分区增加了“一条弧线”，这充分调动了运动员远投的积极性，使得篮球运动的表演效果更加理想；此外还增加了“24 秒进攻时限”，不仅有效加快了运动员的进攻速度，而且增加了比赛的激烈程度。可见“文化”加速了运动员素质与技艺的提高,观众的高水平欣赏需求得到了尽可能的满足。从表面来看,“线条”和“时限”的文化比较简单,但却汇集了设计者的很多思想,是一种软文化。

(二)社会性与个体性

文化的社会性是指文化产品在产生过程中所融入的并在形式中体现出来的人的社会性本质。篮球文化同体育文化一样,从它诞生起,就得到了社会的广泛认可,并很快融入社会。篮球文化的社会性有两个特点:一是传播迅速;二是社会认可度高。文化的特性告诉我们:人创造的文化,必须要得到社会的认可。任何文化都不能脱离社会而存在,且必须为人类服务,促进社会发展。人、社会、文化的交互作用表现为一种复杂的整合过程。篮球在发明之后获得了社会各界的普遍认可,这种肯定又反过来提高了篮球运动的传播速度,拓展了篮球运动的传播范围。

个体性是指文化的实施方式,篮球文化个体性特征具体体现为运动员在参与篮球活动的过程中反映出的个体行为。篮球运动技术由投篮、运球、传球、防守等个人技术组成,这些技术在每个运动员身上往往会出现很多截然不同的运用组合,进而产生各种风格和特性,这就充分反映篮球文化的个体性。

在篮球赛场上,全体参与者提供了把个人感情趋向和篮球比赛密切联系的客观条件,人们的情感被有效宣泄出来,球员能够在赛场上充分发挥已经掌握的技术,观众能够将自己的想法表达出来,这就是篮球文化原本就拥有的持续创造、尊重人格、彰显个体自由的特质表现。在篮球赛场上,每个人都会受社会道德、社会制度、篮球规则的限制,即文化学反复强调的“文化规范功能”,人们往往会主动遵守公共道德,这是篮球文化社会性的一个重要方面。

(三)全面性和体质性

篮球运动不仅具备体育运动固有的一般特征,同时具备自身特征。现代奥林匹克竞技运动项目都是在人类创造的各种游戏的基础上产生的,篮球运动就是一种以球为工具的游戏。游戏是一般生活的陪衬、补充以及事实上的组成部分,不仅装饰着生活,同时不断拓展生活并充当一种生活功能被人类和社会所需要,所以作为一种游戏的篮球运动所包含的意义、意蕴、价值、精神与社会的交往作用,大都是其文化功能作用的结果。

文化是通过若干符号系统表现出来的,从各种表现形式可见,篮球文化包含了文化符号系统中的音乐、舞蹈等艺术符号,但核心内容却是比赛本身。篮球运动首先表现出来的是一种特殊的身体符号,具有运动特征,也就是体质人类学所描述的体质性。高度重视篮球文化具有的体质性意义明确认识篮球文化建设的重中之重是提升运动竞赛的实际水平。在此基础上借助各种各样的文化符号,体现篮球文化的综合性。

(四)全球性和民族地域性

所谓的全球性是指文化具有的为人类的基本生存、生活需要和社会组织服务的特性,这种特性不因种族、地域、阶级的不同而有所区别。所谓的地域性则是指文化所具有的地域、民族间的差异性。文化的普遍性与民族性统一的特征,使文化拥有自己的独特创造方式、存在方式和服务方式。当新的文化现象出现时,人们总是利用本民族的文化代码来理解认识它的本质规律,这种认识和理解往往打上本民族的文化烙印,呈现出民族文化的多样性。因此一个民族的体育文化总是要反映这个民族的文化精神,形成区别于其他国家的体育文化,区别于其他具体文化的体育文化个性。因为各个民族在历史与文化上存在很大差异,对篮球运动的认识与应用同样存在差异,因而产生了很多种技术风格和战术风格。技术风格和战术风格是在特定民族文化背景下产生的,拥有突出的文化、观念、身体条件的烙印,是本民族群体共同拥有且和其他民族文化特点有所区别,体现了文化在篮球运动中的层层渗透,且能够发展成一种精神、行为制度、规范以及习惯。

科学技术的革命引起人类生产方式、工作方式和生活方式的深刻变化。电视机的普及、卫星通信的发展、计算机网络技术的应用以及其他大众传媒的发展,扩大了职业篮球的影响程度,促进了篮球运动及其相关产业在世界各地的普及与发展,篮球运动的统一规则、球队外援的加盟、世界大赛的开展等都体现了篮球文化的全球性。

站在民族文化的角度来说,我国的篮球运动具有独特的东方文化属性,我国的篮球文化和社会文化充分融合,逐步演变成扎根于社会民族文化基础上的东方篮球文化,在价值观念、行为方式、管理与运行文化理念等方面都反映出了鲜明的民族特色。在我国各地文化差异的作用下,我国篮球文化在赛场环境、球队风格、观众习惯、表演形式、表演内容等方面同样反映出了鲜明的民族地域性特点。但需要说明的是,我国篮球文化共性以外的区域性特征,使我国篮球文化的内涵更加丰富,并对人们产生了更强的吸引力。

(五)继承性和时代性

继承性是文化的重要属性,文化得以形成和发展都是在持续继承、持续积累的基础上实现的。继承积累是发展的前提条件,如果继承积累不存在,那么文化的发展将无从谈起。摩尔根认为:人类发展的每一个阶段都包括一种不同的文化,并代表一种特定的生活方式。人类不仅能创造文化,而且能通过学习掌握文化。相应地,还能通过教育等手段将文化予以传播、累加,这就使人类与其他动物区别开来。另一方面,人类在使用文化时,不是简单地重复,而是在重复的基础上加上自己的创造,体现出文化的时代性,篮球文化更是如此。

由时代性可知,篮球文化具有动态性和发展性的特点,篮球文化持续发展的重要原因是其始终能把时代创造的财富纳入其中, 从而使自身的文化内容更加丰富多彩,促使自身的文化品位得到质的飞跃,同时逐步适应广大群众的生活方式与文化习惯。例如,中国篮球运动管理中心及中国男子篮球职业联赛委员会的成立,CBA 的制度建设和完善,CBA 俱乐部的更迭与扩充,CBA 品牌的塑造,篮球文化的营造等,都表明 CBA 文化的时代发展性。

站在发展的立场进行分析,文化不仅是我国篮球运动不断扩大规模、提高水平的物质保障条件,还是各级联赛逐步形成的独特文化形态,更是篮球运动持续发展的重要基础。文化使得篮球联赛大大超出了篮球比赛的范畴,发展成为广大群众文化生活的一个关键部分。在和篮球运动发展存在联系的多项因素中, 赛场形成的文化传统与多项习惯对篮球运动的发展趋势产生了重要影响,是篮球运动发展空间的决定性因素。所以说赛场文化将会使我国篮球运动的发展潜力大大增加,为篮球运动快速发展注入强大的推动力。

(六)多样统一性和互动合作性

从本质上来说, 人不仅是自然与社会的统一体, 还是心理与文化的统一体。文化是全人类集体财富的总和,民族文化是总体文化的根源。任何一种民族文化，都一定会和其他民族产生很多种关系并不断保持，它们相互作用、相互影响，促使人类文化成果更加多元化，对国际社会的共同进步产生推动作用。对于篮球运动而言，其创造出的物质财富与精神财富是有机结合的关系，最终组成了内涵丰富的篮球文化。

当前，篮球运动早已超出体育运动范畴，和社会的政治、经济、文化有机结合在一起，形成了相互联系、相互推动、协调发展的状态。各个国家和地区的篮球文化统一存在于世界篮球文化中。然而，各种篮球文化之间又形成了相互推动的关系，在互相碰撞、互相融合的过程中不断发展，同时篮球文化本身的不同层面之间和各个层面中的不同因素同样是在相互影响、相互推动、共同发展的。

二、中国篮球文化的育人功能

（一）培养运动员战胜挫折、勇于进取的拼搏精神

体育不但有助于挖掘运动员的生物潜能，更有助于培养运动员的人格，从而抵制竞技的异化，使人性在竞技中生成。参与 CBA 的“八一”队在比赛过程中全面弘扬军旅作风，战胜各种困难，面对没有外援、主力年龄偏大的局面，依旧能凭借积极进取的拼搏精神，获得十分理想的运动成绩。这些篮球运动员顽强的意志品质并非与生俱来，是在日常训练和比赛中逐步形成，最终变成支撑自己打败对手的精神力量。实践证实，如果一个人拥有坚定的信念和充沛的心力，不仅能创造奇迹，还能做出远远超过其有限生命的事情，这就是拼搏精神的意义所在。

对于各种篮球比赛来说，大比分逆转、关键时刻投篮命中、以弱胜强都和运动员、教练员的良好心理素质以及勇于进取的拼搏精神紧密关联。

（二）培养诚实守信、遵纪守法的社会主义新人

现代体育以公平竞争、努力拼搏、不断进取的体育精神和价值观念，实现和平、友谊、进步和维护社会稳定的体育理想。篮球运动丰富多彩的活动形式和组织内容、严密完整的理论体系和行为规范、科学的身体素质教育和社会道

德教育、对社会其他领域的广泛影响和独特作用方式、全球范围内的广泛参与和巨大影响力，成为其可以区别于其他文化内涵，具有独立体系的一种文化形态，全面地影响着当今社会的多个方面。

篮球是群众基础深厚、分布范围较广、普及面较大的一个体育项目，是深受人们认同的一种社会文化活动。篮球运动在创造良好的社会文化环境、促进青少年形成健康生活方式等方面都起到了不可取代的作用。

篮球运动作为一项集体运动项目，在不断完善的规则和规范约束下，发挥个人和集体的技战术，培养团结协作、相互信任、集体利益高于一切的体育精神，塑造队员的人格。并且在比赛中要求裁判员公正严格，要求球迷观众文明看球、合理表达自己情绪，这些都与社会主义精神文明建设相一致。篮球运动员在比赛中更加重视整体配合，为队友创造机会。因此，篮球运动在培养运动员集体荣誉感、服务于社会的意识方面起着关键作用。

（三）增强民族凝聚力，弘扬爱国主义精神

篮球运动对人们树立强烈的爱国主义以及社会责任感的人生价值观起到积极作用。体育是爱国主义教育的一条有效途径，每个国际大型赛事都牵动着亿万国民的心，当运动员在比赛中获胜，奏响我国的国歌时就能有效激发国民的民族自尊心与自豪感。这不仅让人们的民族情感得到了抒发，还让人们的爱国情怀得到了体现，民族凝聚力得到了有效增强。

竞技运动从“物本位”转变为“人本位”已成为必然趋势。在这之前，很多人把竞技的物力研究摆在过于重要的位置，但其本质是将人视为追求物质、释放能量的低级动物，进而使得国际赛场经常出现因为过度商业化、过度职业化、兴奋剂滥用等人性失落的异化现象。竞技产生的外力并不仅仅是外界环境积极给予主体的一种力量，相反是运动个体或运动团体，借助自身的健康心态与恰当言行影响周边人，取得周边人在目光、表情、语言、行动这些方面的支持，由此感悟到“强力信息”，最终在心中形成一种力量。这种“外力”影响运动个体或运动团体产生的效果和物理学中的“场效应”存在很多相似点。运动员在训练和比赛中，若寻求获得这种外力的支持，需要教练员对他们进行长时间的人文教育。“三力合一”的竞技运动是从生物学、心理学和社会学三个方面研究培养“完人”的运动。当今世界，人们偏重从生物学角度研究开发人的物力，忽略

了在此基础上同步开发人的心力和外力,这是促成竞技异化的症结所在。

实践证明,深入开发竞技过程中人的心力和外力,对于促进运动员的第二次生成——人的社会化,抵制竞技中由于过度商业化、职业化和兴奋剂滥用带来的异化挑战,培养富有人性的运动人才,对促进国际奥林匹克运动的重心不断由“物”转向“人”具有重要的学术价值。

第三节 篮球运动文化的内涵解析

一、篮球运动物质文化

（一）篮球运动物质文化的概念

物质文化以文化学的理论为主要依据，其定义为：物质文化是指实际的物质生产过程及物质生产的实体性、器物性的成果。由此可知，篮球运动物质文化的概念主要由物质文化、消费资料、物质生产的实际过程组成，其中物质文化是指由劳动者、劳动资料、劳动对象共同构成的现实生产力。

（二）篮球运动物质文化分析

物质文化在篮球运动中的体现，可以这样理解：篮球是所谓的“劳动资料”，将球投进篮筐是所谓的“劳动对象”，比赛所需要的场地、服装、饮料和各种设施是所谓的“消费资料”，其中的工艺、技术、科技含量等是所谓的“物质生产的实际过程”。经过深层次研究得出，篮球运动的上述物质均体现了人的精神因素，但物的作用仍然是很关键的，它可以体现出人的本质力量在物质生产领域中的详细反映以及发展情况。

立足于某种角度展开分析，物质与精神并非独立的，而是属于一个统一体。精神文化不是脱离物质文化而单独存在的，主体的精神活动依旧离不开物质性文化的大脑,精神需要依托于物质。与此同时,物质文化同样无法脱离精神，原因在于物质文化必然体现精神文化，物质文化中汇集了人类的精神劳动,所以才被称为文化,这是物质之所以被当成文化的内在依据。对于社会文化的总体结构来说,物质文化是整体文化的重要基础。因此,“物质”要想具备灵魂,并且在文化领域占据理想位置,就必须充分挖掘和发挥文化精神方面的作用。

综上所述,篮球运动中的物质文化占据着十分重要的地位,只有全面了解和剖析物质文化,才能更好地服务于精神文化与制度文化。

(三)篮球运动物质文化中“物”的解析

立足于文化学角度展开分析，物质文化是文化传播过程中一个极为关键的载体。与其他方面相比,物体器件在文化运载与传播过程中的作用容易被忽视。但是,篮球运动中的物可以有效反映不同历史阶段多样化的篮球文化精神与意义,还在某种程度上有效补充了部分精神与意义,使其获得了有效发展。篮球运动物质文化中的“物”往往由以下几方面构成。

1.篮球

从 1891 年到 1894 年,篮球运动所用的都是足球。之后,才出现了比足球大一点的球。从某种意义上来说,这个球就是现代篮球的雏形。球囊是在 1928 年才出现的,吹起来之后把球嘴扎紧,塞进球里,外面再用带子缝上。可以说,这是篮球的一个巨大改革,正因为这一变革,才使球能够弹起来了。使用十年之后,这种球又被革新,变成新型的球。

现阶段,篮球运动的工艺技术持续提高,并由此产生了多种品牌。很多研究都证实:提高篮球工艺水平对提高篮球技术有帮助作用,尤其对运球技术的提高最为有利。

2.篮筐和篮板

在第一场篮球比赛中,奈史密斯博士将桃篮钉在看台上,参与者争相将球投进桃篮中,然后借助梯子将球取出来,再继续进行比赛。后来,有底的网型篮代替了篮筐,并且在网子里安置了一个带子,只要球一投进去,一拉带子球就弹出来,代替了使用梯子取球的这一麻烦动作。需要说明的是,这个阶段的篮筐后面是不存在挡板的,在很长一段时间后篮筐才被安在篮板上,同时在篮筐下面安装了篮网。除篮筐有部分改进外，篮板的发展也十分明显。例如，最开始篮板后面是铁丝做成的网状，随后演变成了木制的，后来发展成如今所用的透明篮板。

3.场地与设备

尽管一般的篮球活动对场地的要求并不高，只要场地足够宽阔、平坦，有篮筐即可。但是随着社会的不断发展，人们对篮球运动的场地和设备要求越来越高，不仅要有良好的场地，对灯光也有了进一步的要求。

从一定程度上来说，篮球文化的物质文化就是文化实体或文化载体。而人文精神与艺术品位被摆在越来越重要的位置，在建筑物、器材设备、服装、食品四个方面都有体现。这些都属于文化产品，集使用价值和审美价值于一身。最具代表性的就是现阶段运动员的服装与球鞋，这两者把设计与材料、舒适与美观都充分结合在一起。如今，在人民物质生活水平持续提高的大背景下，人们的精神需求同样在不断提高。对观众来说，运动员本来就是运动着的艺术品，所以其本身就具备很高的观赏价值。

二、篮球运动精神文化 ▶▶▶

（一）篮球运动精神文化的意蕴内涵

篮球运动同时具备物质属性与精神属性，物质与精神都被包含在其中，是相互补充、相互映照的关系。精神具体就是个人或群体在不同社会活动中表现出的人之所以是人的证据与生机。它不单在人们的生命中存在着，更是在历史演进中发挥着不可替代的作用，习惯上将人们在劳动创造中所形成的思想惯性和价值取向等统称为精神文化。据此，篮球精神文化的意蕴内涵可以表述为：与高校篮球场地设施等物质实体相对应而客观存在的，有独特意蕴和内容的，以普通高等院校的篮球课堂教学、课外篮球活动、篮球竞技比赛、篮球体育组织及体育媒介宣传为存在依托的，有着较强教育性、激励性、辅助性、稳定性、领先性及娱乐性等功能特性的，高等院校学生和体育教师在高校篮球运动和文化实践中已经产生和将要产生的各种篮球思想观念的总和。

篮球精神文化是突出反映篮球运动锻炼功能和思想形态的文化样式，也是对这种独特运动项目的本质概括与整体把握。它对所有参与者都具有深刻的教育意义，并能大幅度提升参与者的人生境界。篮球文化具备的勇于挑战、积极向上、爱护集体、相互配合等文化理念都是其在精神领域的重要反映。精神文化是篮球文化中内涵丰富的文化事项，精神文化的存在和表现对参与者的思想与道德境界有建构性作用，所以被赋予了深刻的教育价值和顽强不息的生命力。篮球精神文化能够伴随社会进步而不断加入新内容，能够伴随参与者的持续增加而迸发出强大的生命力，所以说篮球精神文化是达到教育目的的一种精神力量。

篮球精神文化的生存和发展必须依托一种载体，而参与者的文化认同就是这种文化形成和发展的阵地。在篮球精神文化持续发展的过程中，一致的文化认同是其生存的重要根基，是文化内涵不断充实的关键基础。只有文化信息的发出者和接收者协调配合且保持统一步调，方可推动篮球精神文化更加深入人心，最终演变成篮球运动参与者的自觉文化选择以及心理认同。除此之外，加深文化信息发出者和接收者之间的联系，有助于推动参与者更加认同篮球精神文化。换句话说，参与者主动配合就是篮球精神文化产生效力的一条必要途径。

内在渴求是所有种类的文化能够产生并发展的根本原因，脱离了人们内在渴求的文化，即使再五彩斑斓，也逃脱不了衰落和被大众抛弃的命运。参与者在满足生存需要的同时，有了自我实现的内在渴求，这是其作为实践主体和认识主体的思维逻辑和客观真理。参与者在其人生发展过程中，不单需要满足衣食住行等人之为人的基本需求，还要在基本需求实现的同时，追求更高层次的内在渴求。

从多角度展开分析可知，当篮球运动参与者的基本生存条件得到保障后，会想要让自身的艺术审美、体育欣赏等精神方面的享受得到满足。篮球运动参与者和任何一个社会群体一样，都需要面对各方面的压力与难题，都需要有缓解紧张情绪、减轻思想负担以及实现自我的可行性渠道，而篮球精神文化在绝大多数情况下都可以发挥特定作用。篮球精神文化不仅让参与者投身到篮球运动中，享受篮球精神文化成果，还能让参与者深入理解人生，从而用更大的勇气和动力投身到各种活动中。

除此之外，篮球运动员的一举一动也会在社会中引起很大反响。如果部分运动员做出和社会期待不吻合的行为,大众就会及时做出纠正和批评;如果篮球运动员表现出和大众心理预期相符的迹象,社会各界就会做出正面评价,同时鼓励运动员不断弘扬优秀传统。因而,充满活力、积极进取的篮球精神文化一旦出现在大众面前时,就会立刻得到社会各界的如潮好评和一致褒扬。

(二)篮球精神文化的特点

篮球运动是一项开展广泛而且较为普及的体育项目，它不仅具有一般竞技体育固有的特征,还具有其自身精神文化特点和文化价值。在一些高校中,篮球精神文化以多种多样的形式展现在学生面前,学生的世界观、人生观和价值观正是在“顽强拼搏、积极进取、集体至上、团结协作”的信念中潜移默化形成的,这种文化特质是现代高校教育不可或缺的重要组成部分。篮球精神文化表现出的教育性、激励性、渗透性、稳定性,为高校学生接受教育开辟了一条快捷而有效的新道路。

1.教育性

篮球文化最本质的目标就是教育，而教育同样一直围绕篮球运动与篮球精神文化的发展而存在。

首先,篮球精神文化采用“言教与身教相结合”的方式,借助篮球文化来达到教育目的。篮球精神文化不只是借助篮球运动来彰显强健体质的显性教育功能，更是借助篮球文化的本质特点来彰显传承精神与净化灵魂的隐性教育功能。篮球是一项具有很强集体性、纪律性、组织性的体育运动,它对拥有较强好奇心、上进心和缺乏自主性、纪律性的在校学生而言具有显著的改善作用。一系列篮球活动和篮球比赛的展开,对培养学生的责任感、义务感和集体荣誉感,以及促进他们形成较强的竞争意识和开拓精神具有极大影响,这些也成为篮球精神文化教育学生的根本目的。

其次,篮球精神文化向参与者提供了健康向上的社会化行为规范。由于篮球运动的对抗性，使参与篮球比赛的运动员出现身体接触与对抗都是不可避免的,但篮球比赛规则可以对运动员和比赛的规范性产生控制作用。篮球运动要求所有参与者的行为都必须符合规则，所有人都一定要在比赛规则和行为规则的双重限制下完成活动，都要养成主动遵守规则的行为习惯并具备掌控情绪的能力,对身体进行充分、科学的应用,这同样是运动员敬业精神与责任感的反映。违反规则或者做出不文明与不道德行为,都将受到严厉惩罚,并且需要接受舆论谴责。篮球精神文化是在健康文明的运动中培养参与者健康文明的社会行为习惯,使参与者的行为更加规范。由此可知,篮球比赛是对参与者社会规范教育的过程,促使参与者模拟和演练规范的生活方式。篮球精神文化在对参与者发挥规范作用的同时,还能对参与者在社会中的行为规范化产生教育作用。篮球精神文化能够使参与者逐步形成遵纪守法的思想品质以及良好的行为习惯,有效增加参与者的责任感和社会行为规范意识,最终使其更好地投入社会建设当中。

2.激励性

激励就是利用某种因素激发人的动机,并引导人的行为,为实现所追求的目标时发挥内在潜力的一种心理因素。人的积极性是一种能激发人在思想、行动上努力进取的心理动力,这种心理动力受到激励时,人就会处在自觉主动的心理活动状态,这种状态具体表现在人的意识活跃水平、精神振奋程度和意志力强度等方面,从而直接导致行为效率的提升。文化环境是激发人、促进人形成一定思想、信念、价值观的一种因素,而观念一旦形成便会以“润物细无声”的方式影响着人的行为方式。

篮球精神文化是一种鼓励参与者坚持奋斗的精神因素,能够或多或少地满足学生的精神生活、信仰、情感力方面的实际需求。我国篮球队在国际比赛中展示出不断拼搏、团结协作的精神,彰显了中华民族的民族精神,使得篮球运动参与者的爱国热情得到了充分激发。

篮球运动参与者经过长时间训练并在比赛场上顽强拼搏后获得理想成绩,而获得理想成绩往往会向参与者灌输强大动力,使其用更加积极的态度和行为来对待未来的训练和比赛。这种积极向上的篮球精神在潜移默化中演变成了一种强大的激励因素,向运动员提供了强大的信念支撑,向学生提供了战胜阻碍、达成目标的源泉和动力。篮球精神文化对学生的激励比很多激励因素的深刻性特征与持久性特征都更加显著。篮球精神文化激励学生形成健康向上的生命活力,激励学生塑造拼搏进取的人格品质,激励学生树立开拓奉献的观念意识,激励学生追求内心的自我超越,激励学生实现目标,这是篮球精神文化激励学生全面发展的过程,也是学校塑造篮球精神文化的目的之一。

3.渗透性

渗透是指一种思想或势力在各种因素的影响下，向其他方面逐渐扩展的过程。以高校为例，高校篮球精神的渗透就是篮球精神文化中的某些思想在学生和校园中产生效应，并逐渐扩展到学生的生活、学习、娱乐等校园活动当中，引导参与者在思想意识、价值观念和行为方式等方面不断成长，从而影响高校校园文化的发展。与此同时，高校篮球精神文化也有扩展到校外社会文化中的可能性，最终促使篮球精神文化向更大范围辐射。

篮球运动在竞技过程中以持续挑战参与者生理极限与心理极限为内涵，这是其独特的文化现象。对于篮球文化来说，自始至终都渗透着竞争和合作的意识，这种意识是现代人必须拥有的一种特殊素质和关键素质。篮球精神文化不只是凝聚竞争与合作精神的强大动力，同时承载着参与者的责任感与荣誉感，需要自觉承担团结集体的责任以及唤醒个性化追求的功能。

篮球精神文化衍生在校园中，是把学生当成主体、把篮球文化活动当成基本形式的文化现象。篮球精神文化不仅和校园生活存在密切联系，同时和校园文化、校园精神存在相互贯通的关系。由此可知，篮球精神文化产生和发展于校园这个特殊文化环境中，其结构本质就是一种耗散型结构，其系统就是一个动态渗透系统。篮球精神文化是思想与观念有机结合的文化传统，不仅具有自身观念和自身思想，还发挥着其他文化现象难以替代的作用。在体育教育逐步深化改革的大背景下，篮球精神文化持续在高校以及很多场所进行渗透，不断开拓、大胆创新。

4.稳定性

所谓稳定，是一种事物良性循环和更新的状态，在一定的时间和所处的环境或心境内这种事物不会轻易变化。篮球精神文化的稳定性，是篮球精神文化在校园中良性循环和更新的状态，它的意蕴、价值、作用在长时间内是不会轻易变化的。

对于高校来说，要形成篮球精神文化往往要经历很长时间，篮球精神文化是高校的篮球文化思想、篮球文化观念、篮球文化氛围、校园文化现状及其精神境界等一系列因素长期积淀形成的文化心理和氛围，且这种文化心理与文化氛围具有一定的稳定性。这种相对的稳定性能够在一定程度上维系、巩固和规范高校学生的思想、意识和行为。当一所高校形成自身的篮球精神文化以后,往往能在特定时间段内比较稳定地维持在校园文化中。

篮球精神文化的相对稳定性、教育性、激励性、渗透性之间往往是互相影响的,这几方面的特点不仅能使参与者当前的身体发展需求得到满足,还能使参与者未来的全面发展需求和终身发展需求得到保障。

篮球精神文化的稳定性,充分体现在篮球文化和时代精神的相互融合中,是传承和弘扬中华民族优秀体育文化的重要象征,能够推动篮球运动的持续发展。稳定是绝大多数事物得以发展的重要基础和前提条件,倘若不能保证篮球运动处于稳定状态,则篮球运动的发展将无从谈起。篮球精神文化要想得到传承和发展,应当是先稳定再发展,而篮球精神文化对高校及其他方面的稳定发展有很大的推动作用。

三、篮球运动制度文化 ▶▶▶

(一)篮球运动制度文化的概念

篮球运动制度文化是指牢牢围绕篮球运动的开展所产生的规则和比赛体制,以及与篮球文化存在紧密联系的组织机构。

(二)篮球运动制度文化的中心思想

篮球运动制度文化的中心思想集中反映在篮球规则上,这里通过阐析篮球规则的有关理论来说明篮球运动制度文化的中心思想,具体如下。

1.篮球运动规则及其原则

1891 年篮球运动诞生,篮球规则同样在这个时期应运而生,所以说篮球规则比篮球文化的产生时间早。尽管篮球规则在最初需要进行多方面完善,但已经拥有独特的思想与精神。

奈史密斯博士是篮球运动的创始人,其在制定首部篮球规则时就确定了三个精神:第一,篮球运动必须和足球运动以及橄榄球运动有所区分;第二,篮球运动应当全面反映文明运动,严禁有严重犯规的现象;第三,室内和室外都可以进行。

基于以上三个精神,奈史密斯博士提出了以下五项基本原则:第一,它需要一个较大的,可用手控制的球;第二,持球跑是不允许的;第三,对队员之间的身体接触进行严格的限制;第四,场上任何区域都是允许被两队随意占据的;第五,在垂直高处安置球篮,并且要注意呈水平状态。由此可见,建立篮球运动制度文化和篮球运动的思想基础有密切联系,篮球运动制度文化不仅能显著反映某种精神,还能促进篮球运动的精神外化,并可以保证篮球文化的主要内容始终围绕主体意识不断发展。

2.篮球运动规则修改的原则

奈史密斯博士于1892年1月公布了第一个正式的篮球规则,在经过40年的不断补充和修改后,于1932年形成了第一个国际统一的篮球竞赛规则,这也在一定程度上标志着篮球规则逐步走向完善和成熟。

需要注意的是,在修改和完善篮球运动规则的过程中应当遵循以下基本原则:第一,要保证比赛的合理性,促使各类群体主动参与其中,从根本上防止取巧行为出现;第二,加快比赛速度;第三,从根本上限制运动员单方面追求高度的做法,推动篮球运动员朝着更加灵活、更加全面的方向不断发展;第四,对所有不道德的行为进行严格限制,并针对不道德行为做出处罚,由此保证篮球运动健康发展;第五,主动培养运动员的意志品质和集体主义精神,达到增强运动员体质的目标;第六,促使篮球运动规则更加丰富、更加多元化,促使篮球运动规则更加合理、科学、完善。

第四节 篮球多元文化体系

篮球多元文化体系主要由校园篮球文化体系、竞技篮球文化体系、群众篮球文化体系组成，本节着重对这三大体系建设与发展的对策进行阐析，从而促进篮球多元文化体系的建设与发展。

一、校园篮球文化体系建设与发展的对策

（一）加强校园篮球物质文化建设

1.整合校园篮球物质资源

对校园篮球物质资源进行整合，就是要合理地分配现有的资源和短缺的资源。学校现有资源就是学校已经具备的篮球器材和场馆，不管是可用的，还是废弃的都属于现有资源。对于可用的器材与场馆，学校要加以充分的利用，对于已经废弃的场地和器材要进行及时的处理，为之后的管理提供方便。有些器材虽然暂时不可用，但是经过维修与处理之后还可以用，这部分资源可帮助学校节省资金，用于建设其他的体育设施。除此之外，要充分利用废弃但重修后能够持续使用的篮球场地，最终达到减少开支、科学配置的目的。在时代持续进步和社会持续发展的背景下，学生对篮球课提出的要求与实际需求越来越多元化，所以学校篮球资源不足的问题随之产生。学校应当高度重视这个问题，投入适量资金来尽可能满足篮球教学需求和学生体育锻炼需求。除此之外，学校要对篮球场地和相关器材进行科学管理，尽可能延长篮球场地和器材

的使用寿命,有效缩减维修支出和重建支出。

2.对篮球设施空间进行合理规划

篮球文化现象存在于校园的每个角落，具体包括篮球场地和体育雕塑等方面。篮球意识文化应当把这些现象当成重要载体,在这些载体中充分反映学生们的意志品质、道德情操以及价值观,这些物质载体将会对学生们的情操产生潜移默化的影响。因此,建设校园物质文化应当充分利用学校空间,科学布局篮球场地,科学组织各类篮球文化活动,并结合篮球活动的实际需求来修建和添置场地设施。在安排与布置篮球场馆时,应当达到科学精细、整齐环保的要求,使校园篮球物质文化的功能有效发挥出来,使校园中所有群体对篮球运动的物质需求得到满足。

3.促进篮球设施教育性的不断加强

校园中的篮球器材、场地设施属于硬性设施,如果没有老师指导,就需要将一定的教育性赋予这些设施,从而使学生可以安全地进行自主锻炼。例如,可以为学校的每个体育设施设立相应的“说明牌”,将使用方法、重点发展的素质和机能、使用注意事项、评价标准等内容在“说明牌”上标明,提高学生参与健身活动的目的性,并促进学生篮球文化素养的提高。

除此之外，学校应当把部分国内外知名的和篮球运动存在联系的体育雕塑设立在学校篮球场馆旁,并准确标注雕塑的个人简介。这不仅可以把学生的兴趣充分调动出来,还能激励学生自觉成为篮球运动的参与者,也能推动学生创造积极向上的校园篮球氛围。

（二)加强校园篮球文化的体育队伍建设

要想在构建校园篮球文化体系时取得理想效果，就必须有效调动各个方面的力量，构建过程中必然离不开专业人员或团队来有效实施和控制各方面的工作。然而,校园的体育队伍就是承担这项工作的重要队伍,这些队伍由很多体育人员构成,是构建篮球文化体系的直接参与者。要想有序构建校园篮球文化体系,就一定要高度重视体育队伍的建设。下面立足于学生和教师的立场进行阐析。

1.学生篮球骨干队伍建设

在每个班级,都会有几个甚至很多喜欢参与篮球活动的积极分子,这些学生在自己的班级中一般都是体育骨干。许多人认为,学生体育骨干并不能算是校园篮球文化的建设者,但经过仔细分析后,学生体育骨干作为篮球教师在教学中的得力助手,具有重要的作用,因此他们应该是校园篮球文化体系构建中的一分子。学校在举办运动会或篮球竞赛期间,各班级应针对学校运动会与篮球竞赛成立宣传报道小组,在运动会竞赛筹备期间就将学生组织起来,让他们自己制作号码布,做好比赛场地画线工作,自己编排入场式和口号。此外,还可以组织学生作为运动会或竞赛活动的志愿者,完成如赛会辅助、服务和裁判助理等工作。学生科学参与篮球活动和管理事务对其了解活动的细节和过程有积极作用。

需要说明的是,学生同样是感受和领悟校园篮球文化氛围的一个关键主体,学生是否亲身体会应当是判定校园篮球文化氛围浓烈程度的标准。因此,篮球教师应当在全面了解学生的前提下组织篮球活动,或者学生自觉组织满足自身实际需求的篮球活动,这是篮球活动相对科学的组织方式。

2.篮球教师队伍建设

在构建校园篮球文化体系的过程中,作为体育建设队伍的主力军,一线篮球教师发挥着决定性的作用。校园篮球文化的体育队伍主要以篮球教师和学校体育教育主管部门为重点负责对篮球知识的传播与篮球人才的培养。因为体育教育主管部门和一线篮球教师对学生的日常表现最了解,而且在篮球教学和活动中与学生的接触比较频繁,所以他们可以承担培养篮球人才和传播篮球知识的职责。篮球教学与篮球活动的指导工作属于脑力劳动与体力劳动有机结合的工作,所以使得篮球教师的工作十分繁杂,篮球教师需要扮演不同的角色,这里反映出的多样性是教师工作的双重属性。具体来说,篮球教师不仅要完成学校安排的篮球教学任务,还要积极组织和开展校内和校际之间的篮球活动。

篮球教师的职责远不止此,为学校购置篮球器材和修建篮球场馆、提供建议和规划也是篮球教师的主要职责。在高校,篮球教师还要进行学科研究。在新要求下,篮球教师的职责与任务越来越多,因此必须储备丰富的篮球理论知识、具备良好的篮球实践技能与科研能力。篮球教师不仅要在业务方面努力提升自己,还要在敬业精神和道德品质方面约束自己,要拥有完善的道德品质,更加敬业。在开展篮球教学课程和课外活动时难免存在危险因素,如果篮球教师没有高度负责的心态以及爱岗敬业的精神，将会大大增加不安全事件发生的可能性,最终产生不良结果和不良影响。

针对篮球教师工作职责多样化和任务繁重的情况，学校应当给予篮球教师应有的关心，在工作量安排、工作福利保障以及职称评选方面进行特殊照顾,从而增加篮球教师对工作的满足感,促使篮球教师主动投身于建设校园篮球文化的活动中。

（三）加强校园篮球意识文化的培养

人的任何行为都是在意识驱动下完成的，意识可以促使人们形成完成特定行为的动机，所以有效培养校园篮球意识是构建校园篮球文化体系和推动校园篮球运动健康发展的基本要求。由于学生与教师是校园篮球文化主体,所以加强校园篮球意识文化的培养应当从这两个主体着手。

1.提高教师的篮球意识

通过分析校园篮球文化体系的构建过程可知,篮球教师起主导性作用,是有效传播校园篮球文化的重要使者。因此,篮球教师应当最先树立较强的篮球意识，是否树立篮球意识对他们能否在构建校园篮球文化体系中发挥主导性作用有直接影响。

现阶段绝大部分学校的篮球教师都有年轻化、经验少、安于现状、文化研究动力不足的问题。有的篮球教师为了减轻自己的负担,在教学过程中以学生自学为主,应付心理明显,或者提出不对篮球项目进行设置的要求;有的篮球教师在组织校园篮球活动过程中过分重视对篮球尖子的培养，对篮球基础较差的学生不予重视;有的篮球教师在篮球理论课堂上,让学生自习或默许学生学习其他文化课程，在实践课堂中只让学生自由活动，不对学生进行科学指导。这些现象说明篮球教师对校园篮球文化没有形成高度的认识,缺乏构建校园篮球文化体系的责任感。因此,要转变篮球教师对校园篮球文化的认识,要使篮球教师端正自己的教学态度,增强对校园篮球文化体系构建的责任感。学校需对一些相关的条例进行规范,并对篮球工作的开展进行监督。

2.提高学生的篮球意识

树立篮球意识并非一朝一夕的事情,必须要经历很长时间的系统培养,所以构建校园篮球文化体系时必须高度重视篮球意识的传播工具和传播手段。

信息科学技术的大力发展给信息传播提供了很大的便利和多元化的传播手段,这在互联网方面反映得尤为突出。尽管新型科技的产生限制了传统的传媒手段,但并不是说学校广播和体育宣传栏等传统传播方式的价值荡然无存。在很多情况下,传统宣传工具往往能产生潜移默化的传播价值,如在宣传栏中展示学校篮球健将参与各类比赛的精彩瞬间往往能有效激发学生参与篮球活动的积极性。

培养学生的篮球意识也可以采取传播篮球知识的手段，如在学校官方网站中制作篮球专题页面,邀请学识渊博且经验丰富的篮球学者、教练员、运动员参与知识讲座。除此之外,培养学生欣赏篮球运动的能力也能够强化学生的篮球意识。

如今,人们可以随时观看各种篮球赛事,也逐渐有了自己感兴趣和喜欢的球队。不过就现代学生对篮球运动的兴趣方向来看,看篮球比赛的学生人数在逐渐增加,而真正参与篮球运动的学生却不多,这种情况显然不利于学生对篮球运动的深入了解。看到的毕竟是皮毛,如果不亲身参与,将始终不能深入体会篮球运动的精华,对篮球运动的认识只会停留在表面,想要树立和增强学生的篮球意识将无从谈起。

(四)加强篮球教学与校园篮球文化的融合

1.更新教学管理理念,对新的教材体系进行建立

篮球教学与校园篮球文化融合的根本途径就是要转变与更新篮球教学的理念,建立新的篮球教育体系。学生参与篮球课不能只是为了取得良好成绩,教师应让学生了解学习篮球知识与技能要达到的最终目的。在篮球教学中,教师应尊重学生的主体地位,注重学生的积极性,充分解放学生的学习天性。学生应积极参与篮球活动,并带动其他学生参与其中。学校应当密切关注篮球课程教学的改革进程,着重培养学生的终身体育意识。分析我国篮球教学实践可知,高校的高年级普遍没有开设包含篮球运动在内的各类体育课程,或者处于形同虚设的状态，这对培养学生的篮球意识有害无益。对于高校的高年级学生，学校应当适度增加休闲篮球运动的教学时间，激励学生积极参与篮球运动。除此之外,在休闲篮球运动的教学中融入篮球文化,对推动学生的身心健康与均衡发展有很大的积极作用,有助于发展我国体育教育和弘扬篮球文化。

2.通过开展篮球俱乐部教学来进行校园篮球文化的宣传

学生参与课外篮球活动的目的存在很大差异，最常见的是强身健体、提升篮球技能水平、顺利通过考试。通常来说，学校开展篮球课旨在顺利完成篮球教学任务，顺利达成篮球教学目标，为我国篮球运动发展培养优秀的后备人才。就学生而言，参与课外篮球活动是其身心发展的客观要求。因此，学校应当定期制定切实可行的规章制度，采取有针对性的措施，从而推动学生自觉成为课外篮球活动的参与者。

近几年来，篮球俱乐部是一种十分盛行的高校篮球课外活动，活动内容和活动形式都十分丰富，对学生形成强大的吸引力，使学生自觉参与篮球运动。篮球俱乐部的组织形式对学校篮球场馆、学校篮球器材以及其他资源都进行了科学整合，为学生参与课内外篮球活动提供了良好环境和便利条件。

为更好地贯彻和落实素质教育，大范围传播和有效传承校园篮球文化，学校应当不断加深对篮球教学的改革，积极探索有助于提升学生素质的最佳方案，从而使学校篮球教学效率得到大幅提升。而篮球俱乐部就是一种切实可行的方案。篮球俱乐部是严格遵循资源配置原则，大范围组织对篮球运动感兴趣、对篮球运动有实际需求的学生，同时向学生实施形式多样、内容多样的教学。通常情况下，篮球俱乐部的教学活动不会受教学计划和教学大纲的限制。作为一种新型篮球教学模式，篮球俱乐部是学校深入落实素质教育的典型反映。篮球俱乐部增加了我国实现全面培养篮球人才目标的可能性，而实现这项目标能够为传承篮球文化奠定稳固的基础。

在篮球俱乐部活动中，学生面临着多种多样的选择。如此一来，学生就可以从多个方面对篮球运动进行认知与熟悉，而且学生也拥有很多机会来展示自己的篮球技能，这不仅能够促进学生篮球优势的发挥，还可以推动校园篮球文化的发展。

二、竞技篮球文化体系建设与发展的对策 ▶▶▶

(一)竞赛体系建设与发展的对策

1.大力加强青少年篮球竞赛体系的建设

结合篮球项目的具体特征来设定竞赛方法，科学安排运动员参与各类赛事,合理检验训练成效,将赛事数量控制在合理范围内,避免过多过滥的情况出现。

深入研究符合青少年成才规律的分层次、分等级的竞赛制度,立足机制的角度来妥善解决训练与竞赛中存在的早期专项化问题与急功近利问题。

2.加强对服务国家队训练的竞赛制度的完善

对于参加国际大赛(亚运会、奥运会等)的选拔赛制度,应进行科学、客观、公正的建立,对可以代表我国竞技篮球最高水平的运动员进行有效选拔。

动态管理国家篮球队。对国家队竞争选拔的比赛制度进行建立,按照优选劣汰的原则来选拔,每年选拔的次数为 1~2 次。

对篮球训练与竞赛的关系进行妥善处理,促进比赛质量的提高,将国内练兵与国际争光的关系处理好，国内竞赛主要服务于运动员的训练和国际竞争力的提高。

在全面考虑各项实际条件的情况下,主动承办国际比赛,增加我国篮球运动员与教练员参与高水平篮球赛事的机会。

3.加强竞赛的监督与管理

(1)对竞赛组织工作实施合理指导和管理,推动竞赛组织工作达到更高的规范化要求和制度化要求,为篮球运动队提供公平、公正的氛围和环境。

(2)对篮球运动的赛风赛纪实施综合治理,制定和健全篮球竞赛对应的法规政策,大力处罚篮球竞赛中的违纪问题和不良行为。

(3)构建和优化篮球竞赛组织工作的评估体系,高质量完成有关竞赛法规的修订工作,保证竞赛工作依法有序地完成。

（二）保障体系建设与发展的对策

1.优化组织机构，提高职能效率

我国成立篮球运动管理中心后，该机构忙于应付各种篮球比赛，在实践工作中，各职能部门的配合与沟通不足、目标分化、权职交叉、责任模糊等矛盾严重存在。为了适应新形势发展的要求，要深入改革篮球管理中心的内部组织机构，明确各部门的职能与权力，合理安排各部门的工作，统一目标，然后以中心人员的年龄结构、知识素养、管理水平及实践经验等为依据来优化组合相关资源，使每个部门及工作人员都能最大限度地发挥自己的才能与优势，从而提高篮球管理中心的管理与决策能力。

2.大力发展篮球产业

进一步增大开辟篮球产业发展投资方式的力度，促使资金来源的途径更加多样化，使篮球有形资产和无形资产的作用充分发挥出来，全面开发篮球产业与篮球市场，科学调动社会各界力量，促使社会各界积极举办不同形式的篮球活动。

3.促进运动员的文化学习，完善相关社会保障制度

（1）保证运动员顺利接受系统的文化教育，促进教学质量的提高，从而使运动员的文化素质水平逐步提高。

（2）促进体育系统和教育系统更加密切地合作，科学制定和优化高水平运动员在高校接受高等教育的政策。

（3）建立和健全篮球运动员在教育、就业、保险等方面的法规制度，尽可能消除运动员对未来的顾虑，推动运动员将全部精力都放在篮球训练与篮球比赛中。

4.对目标责任制度和各种奖惩制度进行建立与完善

（1）和国家篮球教练员、运动员、科研人员签订正规协议，奖勤罚懒，尽全力激发所有人员的工作主动性。

（2）对教练员和运动员实施物质奖励和精神奖励，结合完成目标的具体情况来安排奖励措施。

（三）人才培养体系建设与发展的对策

1.对后备人才的出路进行拓展

在竞技篮球运动人才的培养过程中，要坚持体教结合，而体教结合的关键是培养优秀的篮球运动队。这是因为优秀篮球队中运动员的前途更为宽广。居于二、三线的篮球后备运动员要把注意力集中放在篮球训练中，促进自己向优秀运动员转变。而普通高校从优秀运动队中招收学生，以及将优秀运动队院校化是政府对后备人才进行培养的主要途径与方法。

通过分析我国当前的篮球专业队情况可知，我国已经把部分省市级的篮球专业队改革成了大专性质的体育技术职业学院或运动技术学院。由于这些院校的学生仅具备大专学历，和拥有本科学历的体育毕业生相比，这些院校的学生在竞争性上还需进一步提高，这对长期参与篮球竞技运动训练的运动员的未来发展有负面作用。因此，在构建篮球后备人才培养体系时必须把篮球后备运动员的输出问题摆在重要位置，主要反映在以下两个方面。

（1）优秀的篮球运动队要与自己所在省市的体育学院培养密切的合作关系，双方一起为培养优秀的篮球运动员而努力。逐渐形成普通高校、运动技术学院以及体育技术职业学院，即本科与专科相结合的篮球后备人才培养体系，使具有不同文化水平与篮球技、战术能力的运动员能够有多样化的选择，这对拓宽篮球运动员的发展道路有积极作用。

（2）在体育院校毕业的篮球运动员，具有丰富的篮球运动经历，有关部门应该鼓励其到中小学担任篮球教师或教练员的工作，以此来促进中小学篮球训练水平与竞赛能力的提高，从而对具有篮球运动天赋的后备人才进行全面挖掘与培养。

2.实施多样化的培养

通过分析我国传统篮球运动员的培养体制可知，最关键的培养形式是安排和指导运动员参与专业篮球竞技训练，但这个培养形式也存在十分显著的劣势，主要反映在两个方面。一方面，篮球运动员参与正式篮球运动比赛的时间十分有限，在赛制的限制下很多运动员只可以参与一些国内运动会，参与国际比赛的机会屈指可数，很多篮球后备人才连参与大型篮球比赛的机会都没有；另一方面，就鼓励学习文化知识来说，原有培养形式未能制定出对应的保障机制，这不利于发展篮球运动员综合素质的提高。

由此可知，要想弥补传统培养形式的缺陷，在构建篮球后备人才培养体系时需要完善以下两个方面。

（1）训练与比赛相结合。对于篮球后备人才的培养，鼓励篮球运动员参加比赛是一种重要的途径。运动员日常参加篮球竞技训练，就是为了有机会参加大型篮球比赛，并且能够获得优异成绩，同时也可以对自己的训练结果进行有效的检验。如果不将运动训练和体育实战进行有机的结合，就很难有效地提高运动人才的竞技水平，也不能最大程度地激发运动员强烈的竞争意识，其所具备的运动潜能就很难得到开发。综合分析国际先进篮球训练经验可知，以赛代练的培养措施是可取的，培养效果也比较理想。

（2）创造学习和深造的机会。在培养篮球后备人才方面，一定要充分发挥中小学培养基地的作用。使中小学生在基础教育阶段，不仅能接受系统的义务教育，还能在业余篮球院校与体育院校参与篮球技、战术水平的训练，也能参与青少年篮球比赛。这种培养篮球后备人才的形式对运动员全面掌握篮球理论知识有很大的促进作用。中学毕业之后，既能够选择打球与学习同时进行，也可以选择先上大学再打球。

需要注意的是，在指导篮球后备人才的技、战术能力训练时，应当安排必要的理论学习和文化学习环节，激励运动员积极参与篮球比赛，借助实战的方式来提升运动员的竞技水平，最终使篮球后备人才的学习、比赛、训练有机结合。

3.加强科学训练，注重多种形式的选材

在体育院校中，篮球运动的成绩直接影响到篮球教练员和运动员的实际利益，所以大多数体育学校都是注重体育课的教学与训练而忽略了文化课的学习，这就使运动员的综合素质整体处于较低水平。因此篮球运动训练与运动员文化学习之间的矛盾要从根本上进行处理，需要国家重视体育院校中文化课教学的作用与地位，体育院校要把运动员的文化课学习成绩纳入最终的考核，各地体育部门要不断鼓励体育院校将文化课程的开展与实施重视起来，在条件允许的情况下，制定必要的相关的法律制度。需要强调的是，确立运动员篮球训练与文化课学习的比重时，要以运动员的成长状况以及不同年龄阶段的身心素质为依据。

建设竞技篮球后备人才的培养体系应当和实际情况相结合,具体就是和我国篮球运动职业化方向以及我国当前的篮球市场发展走向相符合。在实施篮球后备人才选拔制度和聘用制度的基础上,推动篮球后备人才的选材形式更加完善,具体措施如下。

第一,中小学对篮球人才进行选拔时,要综合考察运动员的身体素质水平、先天素质水平、篮球基础水平以及观念意识等,学校相关的篮球运动机构或者专业篮球教师与教练员负责挑选优秀的篮球后备人才;第二,在选拔青年篮球优秀运动员时,应当密切联系运动员在初级赛场中反映出的篮球运动素质、意志品质,此外还需兼顾运动员的心理素质水平;第三,对职业篮球运动员进行选拔时,要以运动员在篮球竞赛中表现出来的技术水平为主要依据,也要考虑运动员在日常训练中的综合表现,还要结合相关专家的评议。

三、群众篮球文化体系建设与发展的对策 ▶▶▶

(一)提高人们参与篮球活动的主体意识

主体意识是指在部分因素的作用下,引发主观冲动和主观欲望并产生自觉行为的一种心理活动。主体意识能够在很大程度上调控人的思想、情感及行为,而且能够促进自我发展与完善。当前,我国实施全民健身计划的一项重要任务,就是对广大人民群众进行引导,使其主动参与篮球活动,促进人民群众健康观念的加强与篮球健身意识的提高。

群众篮球运动参与者主体性的发挥是以调动参与主体意识为前提,以强化参与者的主动性、积极性及创造性为标志,以各种条件要素为手段,以推动参与主体发展为目标的篮球行为。通常情况下,计划经济时期是立足组织制度的角度来发动群众篮球活动,但指令性计划会对其产生负面影响。在现阶段的市场经济背景下,主要是依靠参与者思想观念来发动群众篮球活动。当前的群众篮球运动充分反映了参与者对个体自由的积极追求以及对篮球乐趣的充分享受。当参与者以主体角色参与篮球运动后,继续参与篮球运动的意识和对应行为才会随之产生,才能亲身感受篮球活动带来的乐趣,从而对群众篮球文化进行广泛宣传和积极传承。在建设群众篮球文化体系时,应当引导参与者树立大众主体意识，从根本上提升群众的积极性，如此方可让群众参与篮球运动的效率得到大幅度提升。

现在，人们已经逐渐接受了“花钱买健康”“为健康投资”等体育健身及消费观念。随着社会竞争压力的增加和生活节奏的加快，人们经常处于紧张和疲劳的状态。为了缓解这种状态，人们便在余暇时间参与篮球活动。但人们参与篮球活动的动机不仅仅是缓解疲劳与愉悦身心，对体能与技能进行展示、追求自我突破、实现自我价值也是常见的参与动机。因此，只有增强人们参与篮球运动的主体意识，才能使其对该项运动的乐趣进行深入的体会。而且，主体意识增强的人民群众即使没有外力的督促，也会自觉地参与到篮球运动中。

此外，还需进一步加大宣传力度提高人们的主体意识，促使群众逐步形成积极向上的健康观念。大力举办各种形式的篮球活动，对形成群众篮球活动热潮发挥带动作用和促进作用。

（二）加大经费投入力度

总的来说，全民健身活动属于一项公益事业，发展这项事业需要政府的大力支持。因此，政府要高度重视群众篮球的发展，提供高水平与高质量的公共服务及公共产品，坚持以人为本，维护人民群众的根本利益，全心全意服务于人民。为了使人民群众不断增长的篮球文化需求得到满足，政府部门应该加强公共服务职能，在公共服务中投入一定的资源与财力，使群众不断增长的篮球需求与场地设施不足的矛盾尽快得到解决，将高质量的篮球文化产品提供给广大人民群众。

在建设和发展群众篮球文化体系的过程中，体育行政部门应当进一步转变服务观念，从根本上提升服务模式的创新力度和服务水平。在以人为本的前提下，全面维护公民的基本权利，充分结合公民的具体需求来提供适合的篮球公共产品。地方政府与体育主管部门应当以本地的经济发展情况为依据，进一步优化群众参与篮球运动的环境和基础条件。政府和相关部门应当制定和优化群众体育事业发展的各项经费制度，适度增加开展群众篮球活动的各项经费。改革和完善群众体育事业的经费制度是妥善处理群众篮球经费不足的基本途径，政府应当在财政预算中增加体育事业经费，同时在制定基础建设投资计划时增加体育基础建设资金。各级体育行政部门应当科学调整体育事业的经费支出结构,有效增加群众篮球经费支出在体育事业经费中的实际比例,对篮球活动经费非法占有问题进行严格处理。

政府与体育部门融资的一个重要渠道就是发行体育彩票,能够使群众体育发展中资金缺乏的问题得到妥善的解决。

(三)加强社会体育指导员队伍建设

篮球运动的技术性较强,人民群众参与该项运动,如果得不到有效的指导,就会失去继续参与的兴趣与热情。篮球社会指导员需要对形式丰富的篮球表演、竞赛进行有计划地组织与举办,并向参与者提供规范的技术指导。我国群众篮球文化体系的建设进程及发展水平直接受篮球社会指导员数量及素质的影响。就现阶段来说,我国不同等级的社会体育指导员数量已经十分可观了,社会体育指导员是开展社会体育活动的中坚力量。带动社会体育指导员发挥骨干作用,不仅有助于激发人们参与篮球活动的主动性,也有助于提高群众篮球的发展层次。

在完成篮球社会指导员的组织工作和管理工作上,有关部门还需进一步完善各项工作,制定行之有效的政策法规,进一步增强指导员深入培训的实际效果。在考核篮球社会指导员时,应当遵循优胜劣汰的原则,从根本上落实技术等级的实施手段和审批手续,制定有效的指导员评聘制度。对于承担培训社会篮球指导员任务的各个部门来说,应当自觉服从体育行政部门的指导,自觉参与篮球社会指导员发展规划的制定工作,高质量完成培训篮球社会指导员的具体工作。在进一步建设和发展篮球指导员的过程中,应当认真贯彻循序渐进原则。同时,应当主动肯定和尊重篮球社会指导员的劳动,肯定篮球指导员的各项工作,推动他们在积极向上的社会环境中贡献出更多的力量。

(四)推动群众篮球的全面及可持续发展

在推动群众篮球持续发展的过程中,应当以基本国情和体情为立足点,遵循从实际出发的原则,具体应当从以下几方面进行推动。

(1)政府要密切关注人民体质与健康情况,在群众篮球事业的发展过程中充分发挥领导作用,对不同区域、不同人群的群众篮球实施统筹发展。

(2)始终遵循以人为本原则,尽全力满足广大群众的篮球文化需求,带动广大群众积极开展篮球健身活动，立足多个方面来改进和优化开展篮球活动的环境与条件，更好地服务于参与篮球活动的群众。

(3)坚持从公益的角度推动群众篮球事业的发展，加快群众篮球社会化发展进程，加强对群众篮球产业的开发与运营。政府对公共财政进行合理分配，从而将基本公共服务提供给群众，使人民的篮球活动需求得到满足。另外，借助社会力量对基本资金进行多渠道筹集，为群众篮球活动的开展提供基本的资金支持。

(4)通过改革促进群众篮球运动的发展，体育部门及有关单位要明确自身的职责，对政府的政策方针积极贯彻与配合，从而共同构建社会化群众篮球服务网络。

在群众篮球区域格局进行构建的过程中，应切实考虑我国各地区在经济、政治及文化等不同方面的发展现状，从而逐步推进各地群众篮球运动的发展。具体措施如下：第一，相关部门应当明确规定城市居住区规划中的体育场地以及设施建设，增大社区内开辟和建设篮球活动场所的力度；第二，深入落实城乡统筹发展的各项方针、政策，准确把握和联系农村经济发展的最新动态和形势，深入研究农村篮球工作开展的必要性，采取多种途径来满足农民参与篮球运动的需求；第三，对学校和社会体育资源进行整合，学校篮球场地不仅要满足正常的教学、训练及竞赛需求，还要适当地向外界开放，为群众篮球运动的发展提供便利条件；第四，主动探索群众篮球活动的多种形式，大幅提升群众篮球水平，促使群众篮球的发展趋势和广大群众的实际需求更加吻合；第五，增大对中西部篮球运动的扶持力度，使我国不同地区的群众篮球发展情况尽可能处于平衡状态。

第三章　校园篮球文化体系的建设研究

篮球文化是校园篮球运动体系建设中非常重要的一方面,加强校园篮球文化的建设对提高我国学校篮球教学质量乃至促进我国篮球运动的整体发展都具有极为重要的意义。本章重点研究校园篮球文化体系是如何建设与发展的。

第一节 篮球文化与校园文化的关系

篮球文化与校园文化之间有着非常密切的关系,确定二者之间的关系,无论是对于校园文化还是篮球文化都具有重要意义。本节首先在阐述校园文化相关概念的基础上,重点研究篮球文化与校园文化之间的关系。篮球文化是校园文化中最具影响力的文化之一,以其丰富的文化内涵逐渐融入校园文化各个层面,对增强大学生体质、培养大学生合作意识具有非常重要的作用。总体而言,篮球文化与校园文化之间的关系如图3-1所示。

- 校园文化
  - 物质文化
    - 设备
    - 环境
  - 精神文化
    - 校风
    - 校训
  - 制度文化——管理制度
- 篮球文化
  - 物质文化
    - 球、架、场地、设备队标、队旗等
  - 精神文化
    - 观念哲理
    - 理论思想
    - 谋略心理
  - 制度文化——赛制体制结构

图 3-1

(一)校园文化与篮球文化的包容性

对于高校而言,不仅要拥有一支高素质、高质量的师资队伍和良好的管理团队,而且还要有一个丰富和完善的校园文化体系。而一支优秀的篮球队伍需要同时拥有团队精神与团队文化,二者相互包含,密不可分。由此可见,校园文化和篮球文化之间具有较强的包容性,二者互相促进、互相发展。

据调查发现，大多数运动员选择高校的因素主要是学校具有丰富的校园文化和拥有一支优秀的运动队伍，由此可见丰富的校园文化与浓厚的篮球文化是首选。篮球运动塑造校园文化，篮球文化又因校园文化的传播与发展获得进一步的发展，二者是相辅相成、相互促进的关系，共同推动着校园篮球运动文化的发展。

（二）校园文化与篮球文化的物化性

篮球物质文化是指在篮球运动中涉及的教材、器材、设施、服装、奖品和宣传产品等构成的物质系统。这些物质实体是校园文化中物质环境的重要组成部分，与校园中的建筑、园林景观相结合，共同构成了校园文化的物质环境。在校园篮球运动中，篮球教材是学生获取篮球知识的主要材料，篮球教材为学生提供了大量的活动内容和方法，帮助学生掌握篮球运动，促进校园篮球运动的发展。篮球运动的奖品和宣传物品则是校园篮球历史发展的见证，是学校体育荣誉的象征，它们时时刻刻激励着学生要勇于面对挑战，战胜困难。可以说，校园篮球运动文化的发展承载着篮球活动存在的物质实体和活动方式，是校园物质文化的突出标志。同时，篮球的物质文化丰富了校园物质文化，并为校园精神文化发展提供了重要的物质基础。

（三）校园文化与篮球文化的意识性

篮球精神文化是篮球运动在学校长期发展中孕育出的价值观、审美观及篮球思维方式。精神文化可以说是篮球文化的核心内容，主要表现在师生的篮球思想、观念、精神等意识形态方面。大学生篮球赛事的举办是促进校园精神文明建设的重要手段和途径，极大地丰富了校园文化的内容，为校园文化的发展注入新的活力。我国各学校都高度重视体育对学生的影响作用，将体育与全面教育、校园文化发展联系在一起。在这样的背景下，学生的篮球水平和意识普遍得到提升，这极大地促进了校园篮球运动文化的建设与发展。

（四）校园文化与篮球文化的制度性

篮球制度文化是指与篮球相关的竞赛规则、竞赛制度、管理制度等内容。在篮球规章制度中蕴含着丰富的教育内涵，它不仅彰显着篮球运动竞赛的公平公正性，也影响着参与者的行为。合理完善的校园管理体制和规范健全的规章制度，是高校篮球文化建立和健康发展的有力保证。校园里和篮球运动相关的组织机构负责制定篮球活动计划、规程、条文，规范学校篮球教学、竞赛、课外活动的形式及内容，使各项校园篮球文化活动处在有计划、有组织的环境里。篮球管理体制是篮球运动的管理制度与运行机制，高校的管理体制和运行机制各具特色，但都必须服从上级组织管理机构。只有充分了解这些篮球制度、管理条例，才能促进篮球运动在校园中的健康发展。

第二节　校园篮球文化建设的因素

影响校园篮球文化体系建设的因素有很多，其中场地器材、课程内容、篮球文化活动是最主要的因素。

（一）场地与器材因素

如果篮球运动没有足够的场地，是很难获得持久发展的，因此篮球场地建设、器材充足对于校园篮球运动的发展具有十分重要的意义。经过调查发现，目前我国大部分学校都拥有最基本的篮球场地或场馆，但数量并不多，不能满足全体学生的需求。另外，篮球设备器材也比较匮乏，这直接影响了学生对篮球技能和知识的学习。

（二）课程内容因素

在篮球文化建设的过程中，学生篮球运动知识的学习与掌握和篮球技能的发展与提高具有非常重要的作用。据调查，在高校中，教师的篮球课程安排内容比较单调，主要是简单的篮球技、战术安排，缺乏对篮球历史、篮球规则、裁判法的教授，不能很好地满足学生学习的需求。除此之外，学生学习篮球的主要途径还是以教师传授为主，学习途径比较单一，不能有效激发学生的兴趣，对教学质量的提高也是不利的。

（三）篮球文化活动因素

开展各种形式的篮球文化活动是校园篮球文化建设的主要宣传手段，通过篮球活动和对比赛的宣传可以传播篮球运动的魅力，激发学生学习篮球运动的兴趣。如校园篮球联赛、校园篮球俱乐部、篮球知识讲座、篮球节等，通过这些篮球运动形式，学生可以学习到丰富的篮球文化知识，提高自己的篮球运动水平。目前来看，我国各学校的篮球文化活动还不是特别丰富，这在一定程度上制约和影响着校园篮球文化体系的建设与发展。

第三节　校园篮球文化建设的原则

校园篮球文化的建设能为学生提供一个良好的发展平台，促进学生身体、心理和社会适应力方面的发展。而创建具有本校特色的校园篮球文化，需要遵循以下四个原则。

（一）人文化原则

“以人为本”是学校教育的基本理念，即在学校教育中要将学生放在主体地位，充分发挥学生的主动性和能动性，以学生为中心展开各种教学活动。作为学校体育教育中的重要内容，篮球运动不仅具有良好的强身健体功能，同时还具有十分重要的教育功能。在学校教育中，篮球运动的对象主要是学生和教师，二者也是校园篮球文化的建设者。通过参加篮球运动，学生不仅锻炼了身体素质，提高了自己的篮球运动水平，而且磨炼了意志，受到了良好的人性教育，塑造了完善的人格，这就是人文化篮球理念的作用。因此，在校园篮球文化建设中，要以学生为中心，通过举办各种形式的篮球文化活动，拓宽学生的视野，陶冶学生的情操，建立一个崭新的篮球教育理念，促进和提高学生的篮球文化价值观，从而激发学生参加篮球运动的兴趣，培养学生终身体育的意识，这对于培养高素质人才具有重要的作用与意义。

（二）绿色化原则

绿色是万物复苏的象征，还代表着和平友善。在体育运动领域中，绿色是指体育与健康的结合，是人类体育可持续发展的重要动力。绿色篮球文化是在篮球活动过程中达到人与自然、人与人、人与自我和谐共生整体动态的物质文明和精神文明的总称。在校园篮球文化建设与发展的过程中，非常重视人与人之间的和睦相处，相互交流，共同进步。体育运动本身就强调“重在参与”“友谊第一，比赛第二”的基本理念，这也是篮球运动的重要精神。学校相关部门可以将篮球比赛中和平、友谊、团结的精神文化内涵作为高校校园篮球文化建设的宗旨。通过举办各种各样的篮球文化活动，加强同学之间的交流，增进师生之间的感情，使学生在愉悦身心、掌握篮球技能的同时，也完善了自身的性格，增强了社会适应力。

（三）科学化原则

在篮球运动发展的过程中，日新月异的科学技术为其提供了重要的技术支持，而人文发展理念则为篮球运动指引了正确的发展方向。在校园篮球文化体系的建设与发展过程中，必须要遵循科学化的基本原则，重视科学技术在篮球运动发展中的作用，充分认识到篮球运动文化的发展离不开现代化科学技术的支持。为此，学校可以建立一个负责校园篮球文化建设和宣传的组织，制定一个科学的发展计划，促进校园篮球的协调发展。而要实现校园篮球运动文化的推广与发展，就必须要建立一个有利于校园篮球运动文化发展的科学化平台，制定一个有利于篮球运动文化发展的制度体系。

（四）和谐化原则

校园体育文化体系的建设与发展，对于大学生的成长和发展具有不可忽视和潜移默化的影响。作为校园文化中的重要组成部分，篮球文化的发展对于校园文化体系的建设非常重要，因此建设和营造一个积极向上、和谐发展的校园篮球文化环境是非常有必要的。因此，本着和谐化发展的原则建设篮球校园文化体系是我们当下一个非常重要的任务。

在物质文化方面，学校应制定一个总体的发展规划，将篮球场馆、设施设备作为非常重要的方面来建设，将篮球运动场馆的使用功能与审美需求和谐统一。这需要体育工作者及篮球参与者发挥文化建设的主体作用，建设一个和谐发展的校园篮球运动文化环境。

在制度文化方面，要营造一个宽松民主的篮球运动文化环境，培养学生独立思考的意识与能力，充分发挥学生的能动性，创造一个篮球相关知识与文化发展的合理机制，促进学生积极主动地投入到篮球学习当中。

在精神文化方面，学校必须要结合自己的具体情况建设具有本校特色的篮球运动文化。在开展校园篮球文化活动的同时，以国内外优秀的篮球运动员的运动经历为主，传授学生篮球运动的方法。也可通过篮球明星故事及格言，改造学生的思想和精神，促进学生的全方面和谐发展。

第四节 校园篮球文化建设的对策

篮球不仅在社会上有着较为广泛的影响力，而且在学校体育教育中也占有非常重要的地位。篮球是最早被纳入学校体育教育的一门课程，广受学生的欢迎和喜爱。发展至今，篮球运动在我国各级校园中都有着良好的发展氛围与环境，而要想进一步促进校园篮球文化的建设，就要采取相应的对策。

（一）加强场馆设施的建设与管理

要促进校园篮球运动的发展，基础设施建设是非常重要的一方面。以我国普通高校为例，高校都应建有一个正式的体育馆，为校园篮球运动的开展提供必要的物质基础。学校有关部门要将篮球基础设施建设纳入学校的整体规划中，对篮球场地设施、篮球器材的购置有明确规定，这样就能很好地结合本校的具体情况和篮球基础设施，建设具有学校特色的篮球运动文化体系。需要注意的是，在加强篮球基础设施建设的同时，还要注意场地设施、篮球器材的维护和管理，建立一个科学、合理的管理模式，这样才能保证校园篮球文化建设工作的顺利开展。

（二）丰富课程内容，教学方式多样化

在学校篮球课程教学中，除了学习篮球技术与战术外，还可以增加与篮球运动相关的知识，如学习街头篮球、花式篮球的运动文化，了解这些篮球文化的发展情况，增进学生对篮球运动的全面了解。篮球运动的多元化内容，丰富了学生的篮球知识。在教学方式上，不再是以往按部就班的传授课程知识，而

是采用更为先进的教学模式：通过多媒体教学让学生了解篮球运动的历史与发展；增加趣味性篮球游戏，提高学生的学习兴趣；开展特色篮球课程，定期开展裁判规则学习，使大学生了解规则，还能培养基层篮球裁判员；加强篮球知识的教学，保证学生能够学到自己想学的东西，使学生能够主动学习篮球知识，参与篮球运动，养成终身体育锻炼的习惯。

（三）加强篮球文化活动的开展，创办校园篮球论坛

在建设校园篮球文化的过程中，要策划一系列符合学生发展和时代特点的篮球文化活动，以“健康、快乐、文明、进取”为宗旨，实现我国学校全面育人的大目标。学校可以开展篮球文化节活动，将其作为一项计划固定下来，在每年的固定时间举行，为学生提供丰富的精神文化生活营造一个良好的校园文化发展氛围，促进学生的身心健康发展。近些年来，我国大学生篮球赛事得到了不错的发展，关注人群也越来越多，人们逐渐认识到青少年篮球人才培养的重要性，校园篮球也因此成为一个重要的发展阵地。除此之外，还可以联合社会各界创办校园篮球论坛，通过篮球教育工作者、爱好者、学生与教师的沟通与交流，促进我国校园篮球文化的建设与发展。

（四）完善各项规章制度，制定优惠的招生政策

校园篮球队伍的建设，除了人力、物力基本保障外，也少不了相关政策和制度的支持，二者是校园篮球运动发展的重要制度保障。加强校园篮球队伍的建设与管理，要抓住学生的方方面面，规范学生的日常行为，帮助其养成良好的行为习惯和篮球意识，另外还可以通过一些优惠的招生政策来吸引优秀的篮球运动人才，这对于校园篮球文化的建设与发展具有重要的意义和作用。

（五）建设一支具有良好精神风貌的篮球队伍

建设一支具有良好精神风貌的篮球队伍对于促进校园篮球文化建设具有重要的意义。在建设校园篮球队伍的过程中，要结合本校的特色和实际进行，将校园文化充分融入篮球队伍的建设当中，将篮球物质、篮球精神与篮球制度等结合起来，为篮球队伍的建设提供必要的基础和保障。篮球队伍不仅仅是一支运动队，还是一所学校的旗帜，代表着学校的精神和文化，能提高全校师生的凝聚力和集体荣誉感，能更好地促进学校篮球乃至学校教育的进一步发展。

第四章　篮球运动教学训练的理论基础

当前,我国高校篮球运动教学训练得到了一定的发展，并且取得了一定的成效，这不仅与篮球运动的特点和价值有关,还与高校对篮球运动的重视有关。可以说,雄厚的理论基础是任何一项体育运动发展的必要条件,对于篮球运动、篮球运动教学训练来说亦是如此。本章主要从生理学、心理学、哲学、教育学和社会学几个方面着手分析和研究篮球运动教学训练的学科理论基础。

第一节 篮球运动教学训练的生理学基础

一、物质代谢

物质代谢是生命活动的基本特征之一，是生物与周围环境进行物质和能量交换的过程。篮球运动教学训练中的物质代谢主要包括糖代谢、脂肪代谢、蛋白质代谢以及水盐代谢。

（一）糖代谢

作为人体组织细胞的重要组成成分，糖是人体所需能量的主要来源，对人体有着非常重要的作用。一般情况下，人体每天的能量多数都是由糖供应的。相对于脂肪和蛋白质，糖在代谢供能时消耗的氧气较少，可以说是人体最经济的能源物质。

1.糖的代谢过程

糖通常是以食物的形式进入体内，在消化酶的作用下，人体的糖质转变为葡萄糖分子（果糖可直接被吸收），然后葡萄糖分子经小肠黏膜的上皮细胞中的葡萄糖运载蛋白进入血液，成为血液中的葡萄糖（血糖）。血糖在不同的器官中合成具有不同功能的糖原，在肝脏中合成并储存的被称为肝糖原，在肌肉中合成并储存的被称为肌糖原。肝脏将体内乳酸、丙氨酸、甘油等非糖质物质合成为葡萄糖或糖原是糖的异生作用。糖的合成代谢便是合成糖原和糖异生的过程即糖原或葡萄糖通过糖酵解、有氧氧化、戊糖磷酸和乙醛酸途径生成乳酸,乳酸通过糖的异生作用生成葡萄糖或氧化分解。

2.篮球运动与糖代谢

(1)补糖对篮球运动的影响。由于篮球运动具有激烈对抗性的特征,在运动期间能量消耗非常大,所以在运动前和运动中合理补充糖,能够有效地提高运动效果。从相关研究中可以看出,血糖水平的变化和运动前服糖的时间关系密切。因此补糖要适时适量,补糖时间不同对运动有不同的影响。

一般在运动前半小时或两小时补充糖效果最好,这样能够让糖直接随血液运送到肌肉组织或者已完成糖原的合成转化,在篮球运动开始后,肌糖原、肝糖原被动员进行血糖供给,从而保持较高的血糖水平。在运动过程中,最好每半小时饮用低浓度的含糖饮料,这是由于胃在短时间内只能排空少量的液体,低浓度的饮料可促进渗透吸收,高浓度的饮料会延长胃排空的时间,不利于糖的吸收,反而影响运动效果。

(2)篮球运动对血糖的影响。在安静状态下,正常人的血糖值都不会有多大差别的,范围在3.9~5.9毫摩尔/升。相对于正常人来说,参加篮球教学的人由于运动内容和强度的不同,血糖水平也是不同的。这主要体现在两个方面:一方面,在运动强度较大、运动时间较短的情况下,神经兴奋性高,促进了肝糖原的分解,但葡萄糖的消耗量少,因此血糖水平会有升高的趋势;另一方面,当运动强度大且运动时间较长时,所消耗的葡萄糖量大于糖原的转化量,血糖就会出现下降趋势。

(二)脂肪代谢

脂肪是以有氧代谢为主的运动过程中主要的能源物质,动物脂肪和植物油是人体脂肪的主要来源。

1.脂肪的代谢过程

脂肪具有疏水性,因此它借助机体自身以及机体摄入的各种乳化剂形成乳浊液,然后在机体的水环境中被酶解成甘油、游离脂肪酸和单酰甘油,还有少量的二酰甘油和未经消化的三酰甘油。之后通过小肠上皮细胞直接吞饮脂肪微粒或脂肪微粒的各种成分,进入小肠上皮细胞形成乳糜微粒被吸收。乳糜微粒和分子较大的脂肪酸进入淋巴管,甘油和分子较小的脂肪酸溶于水,扩散进入毛细血管。脂肪进一步分解成二碳单位，最终生成二氧化碳和水。

2.篮球运动与脂肪代谢

相关研究认为，篮球运动的运动供能是有氧与无氧结合的过程。只有在氧气充足的情况下，才能动员脂肪供能，所以运动时间越长，脂肪的供能比例会越大。因此，长期坚持篮球运动能够使机体氧化利用脂肪酸供能的能力得到有效提高，还能改善血脂升高，降低血浆中 LDL 含量，增加血浆中 HDL 的含量，减少体脂的积累，从而有效改善身体的成分，并且具有塑造功能。

（三）蛋白质代谢

蛋白质是一切生命活动的基础，能为机体的运动提供能量。

1.蛋白质的代谢过程

食物是蛋白质的主要来源，食物进入消化道，在消化液作用下分解为氨基酸，被小肠吸收。氨基酸被吸收后，几乎全部通过毛细血管进入血液，可在各种不同的组织中重新合成蛋白质。氨基酸经脱氨基作用代谢，最终生成氨、二氧化碳和水，并在分解代谢过程中释放能量。

2.篮球运动与蛋白质代谢

在进行篮球运动时，想要提高运动效果，必须对蛋白质进行科学合理的补充。大量研究表明，比例为 2∶1∶1 的亮氨酸、异亮氨酸和缬氨酸的混合物，在促进肌肉力量增长方面能起到关键作用。需要强调的是，氨基酸能够使大强度负荷后机体对蛋白质的需求得到较好的满足。

（四）水盐代谢

1.篮球运动与水代谢

水是生命之源，是人体细胞和体液的重要组成部分，约占体重的 60%~70%。水在人体的许多生理活动中都不可缺少，有着不可替代的重要作用，主要表现为：第一，水能够将氧气和各种营养素直接或间接地带给人体各个组织器官，并将新陈代谢的废物和有害有毒的物质通过二便、出汗、呼吸等途径及时排出体外；第二，水的比热高，当机体进行篮球运动时，可以通过蒸发出汗消耗大量的热来调节体温，从而使机体温度过高的问题得到有效解决。

2.篮球运动与无机盐代谢

人体组织中,除碳、氢、氧、氮等主要元素以有机化合物的形式出现以外,其余元素统称为无机盐(也称矿物质)。无机盐在进行篮球运动过程中起着非常重要的作用,具有调节生理机能、维持正常代谢等功能。

二、能量供应 ▶▶▶

伴随物质代谢过程发生的能量吸收、储存、释放、转移和利用的过程,称为能量代谢。能量代谢的核心物质是 ATP。

(一)磷酸原供能系统

磷酸原系统是由细胞内的 ATP 和 CP 这两种高能磷化物构成的,有着供能绝对值不大、持续时间很短但供能速度快的显著特点。ATP 是细胞唯一能直接利用的能源,其能量输出的功率也最高。篮球运动员完成的跳投动作,全部依靠 ATP 和 CP 的贮备供能。

ATP、CP 分子内均含有高能磷酸键,在代谢中均能通过转移磷酸基团的过程释放能量,所以将 ATP、CP 合称磷酸原。由 ATP、CP 分解反应组成的供能系统称作磷酸原供能系统。

1.磷酸原供能系统的基本特点

磷酸原供能系统有其自身的显著特点,具体表现为:磷酸原系统供能在最开始就已经启动了,是机体快速供能的基础。另外磷酸原系统供能输出功率非常大,能在短时间内达到每千克干肌每秒 1.6~3.0 毫摩尔,可维持最大供能强度运动时间为 6~8 秒钟。

在篮球运动中,场上情况不同,运动强度也会有很大差异,受此影响,磷酸原的储量也会发生相应的变化。具体来说,主要有以下几种情况。

(1)极量运动至力竭时,CP 储量几乎耗尽,为安静值的 3%以下,而 ATP 储量不会低于安静值的 60%。

(2) 当以 75%最大摄氧量强度持续运动达到疲劳时,CP 储量可降到安静值的 20%左右,ATP 储量则略低于安静值。

(3)当以低于 60%最大摄氧量强度运动时,CP 储量几乎不下降。这时,ATP

合成途径主要靠糖、脂肪的有氧代谢提供。

2.篮球运动对磷酸原系统的影响

篮球运动会对磷酸原系统产生一定的影响,具体来说,主要表现在以下几个方面。

(1)运动过程在很大程度上影响着 ATP 酶活性,可以使酶的活性得到有效提高。

(2)速度训练能够使肌酸激酶的活性提高,从而提高 ATP 的转换速率和肌肉最大功率输出,这对速度素质的提高和恢复期 CP 的重新合成是有利的。

(3)篮球运动使骨骼肌 CP 储量明显增多,从而延长磷酸原供能时间。

(4)篮球运动对骨骼肌内 ATP 储量没有明显的影响。

(二)无氧代谢与有氧代谢供能系统

1.无氧代谢(糖酵解)供能系统

无氧代谢又称为糖酵解,是糖原或葡萄糖无氧分解生成乳酸,并合成 ATP 的过程。无氧代谢供能是机体进行剧烈运动时的主要能量系统,其代谢过程是在细胞质中进行,不需要氧的参与。在缺氧条件下,丙酮酸在乳酸脱氢酶的催化下接受磷酸丙糖脱下的氢,被还原为乳酸。

无氧代谢供能主要分为两个阶段:一个是糖从葡萄糖生成 2 个磷酸丙糖;一个是磷酸丙糖转化为丙酮酸,生成 ATP。在有氧的条件下,丙酮酸可进一步氧化分解生成二氧化碳和水。

无氧代谢供能系统要求每千克干肌每秒 1 毫摩尔。在最大功率期间,最长能维持 2 分钟。

2.有氧代谢供能系统

在氧气充足的情况下,糖、蛋白质和脂肪氧化生成二氧化碳和水的过程,称为有氧代谢。一般来说,有氧代谢供能可以大致分为细胞质内反应阶段和线粒体内反应阶段,具体如下。

(1)细胞质内反应阶段。反应过程及参与的酶与糖酵解生成的丙酮酸完全相同,但丙酮酸和 3-磷酸甘油醛脱氢生成的辅酶,可经不同方式进入线粒体继续氧化。

(2)线粒体内反应阶段。丙酮酸在丙酮酸脱氢酶系作用下氧化脱羧生成乙酰辅酶 A。乙酰辅酶 A 与草酰乙酸缩合成柠檬酸后进入三羧酸循环。

在有氧代谢中，供能物质不同，所产生的最大供能功率、维持时间、终产物等都会有差异，见表 4-1。

表 4-1 运动时有氧代谢供能情况一览表

供能物质	糖	脂肪	蛋白质
底物	葡萄糖、肝糖原、肌糖原	脂肪	支链氨基酸
最大供能功率	0.5 毫摩尔/（千克干肌·秒）	0.25 毫摩尔/（千克干肌·秒）	——
维持时间	1~2 小时	无限时	——
终产物	二氧化碳、水	二氧化碳、水	二氧化碳、水、尿素

3.无氧代谢与有氧代谢的区别

无氧代谢与有氧代谢的区别可以从表 4-2 中看出。

表 4-2 无氧、有氧代谢比较

区别	无氧代谢	有氧代谢
底物	肌糖原、葡萄糖	肌糖原、葡萄糖
终产物	乳酸	二氧化碳、水
反应部位	细胞质	细胞质、线粒体
反应主要阶段	1.G(Gn)→丙酮酸 2. 丙酮酸→乳酸	1.G(Gn)→丙酮酸 2. 丙酮酸→乙酰辅酶 A 3. 乙酰辅酶 A→二氧化碳、水
氧化方式	脱氢	脱氢
反应条件	不需氧	需氧
ATP 生成方式	底物水平磷酸化	底物水平磷酸化、氧化磷酸化
ATP 生成数量	3ATP、2ATP	36(38)ATP

第二节 篮球运动教学训练的心理学基础

一、篮球教学与个体的动机 ▶▶▶

（一）动机概述

1.动机的概念

推动个体进行活动的心理动因或内部动力，能够引起并维持人的各种思维活动，并将该活动导向一定目标，如满足个体的念头、愿望或理想等，就是所谓的动机。动机是个体的内在过程，其结果就是行动。

2.动机的类别

（1）按照引发需要的性质分为生物性动机和社会性动机。

（2）按照兴趣的特点分为直接动机和间接动机。

（3）按照情感体验分为缺乏性动机和丰富性动机。

（4）按照动机来源分为内部动机和外部动机。

3.动机的作用

（1）始发作用：动机可引起和发动个体的活动，促使个体行动。

（2）强化作用：动机可以使个体维持、增加或制止、减弱某一活动。动机的这种刺激“强度”与一个人激活的程度有关，即为了达到某一目标而正在付出很大努力。

(3)指向或选择作用:动机可以指引活动的目标和选择个体活动的具体方向。"方向"与个体对行动目标的选择有关,即人为什么进行某一活动,或为什么要做某事。

(二)动机在篮球教学中的应用

在篮球教学过程中,教师通过对学生不同动机的分析,采取不同的教学方法来强化学生的动机,并为这种学习动机的达成积极创造条件,使学生完成篮球学习任务。

具体来说,影响学生动机的条件主要有两种,一种是内部条件,一种是外部条件。内部条件——"需要"是引起动机的根本条件,指个体因对某种事物的缺乏而引起的内部紧张状态和不舒服感,但能产生强烈的愿望和推动行为的力量,从而引起人的活动。外部条件——"环境"是引起动机的外在条件,指个体之外的各种刺激,包括生物性和社会性因素,这种刺激能对人产生重要的影响作用。

针对不同学生,教师应结合动机形成的具体条件,在充分了解学生的基础上,通过引导的方式对症下药,积极创设动机条件产生的环境,使学生产生学习篮球的兴趣,从而调动学生学习篮球的积极性。

二、篮球教学与个体的心理因素 ▶▶▶

(一)心理因素概述

个体心理包含的内容有很多,这里主要从情绪、意志品质以及智力能力三个方面进行分析。

1.情绪

情绪的内涵主要表现在两个方面:一方面,情感体验是人们心理活动过程的具体表现形式;另一方面,情感体验是对客观事物的态度体验及相应行为的反应。情绪对人的心理和生理活动都有较大的影响。一般来说,如果运动员能够在运动过程中保持积极良好的状态,往往能够正常发挥;如果运动员的情绪状态是较为消极的,那么往往会发挥失常,甚至失误。

2.意志品质

人为了实现确定的目的,支配自己的行为,并自觉克服困难的心理过程,就是所谓的意志。作为一种心理活动,意志是在认识的基础上、情感的激励下产生的,作为一种巨大的精神力量来影响运动成绩。一个人的果断性、坚韧性、自制力以及勇敢顽强和主动独立等精神,就是意志品质。某种意义来说,意志品质既是在克服困难的过程中表现出来的,又是在克服困难的过程中培养起来的。

3.智力能力

智力能力,顾名思义就是智力与能力的结合。具体来说,就是保证人们能有效地认识客观事物和成功进行实践活动的相对稳定心理特点的结合体。智力能力包括组织能力、计划能力、操作能力、适应能力、创造能力等基本因素,是保证人们成功进行某种实践活动相对稳定心理特点的结合。它还包括另一个方面,就是智力潜能。智力潜能包括观察力、记忆力、想象力、思维力和注意力五种基本潜能,是保证人们有效地进行认知活动的稳定心理特征的结合。

(二)心理因素对篮球运动教学训练的影响

学生的心理因素会对篮球运动教学训练的开展产生较大的影响。下面对上述三个方面在篮球运动教学训练中产生的影响进行阐述。

1.情绪对篮球运动教学训练的影响

从心理学分析,情绪对篮球教学的影响非常大。良好的情绪对篮球教学可以起到“增力”作用,可以明显地提高人的运动能力,使人精神焕发、干劲倍增、积极主动、坚韧不拔、持之以恒。不良的情绪则起着“减力”作用,使人精神不振、无精打采、心灰意冷、注意力不集中等。

如果在篮球运动教学中,情绪不稳定、自控能力差、心慌意乱、忧心忡忡,就很难掌握好动作技能。相反,情绪稳定、精神饱满、注意力集中、斗志昂扬,就一定能取得理想的教学效果。

2.意志品质对篮球运动教学训练的影响

积极地参加篮球运动能够对学生坚强的意志品质起到积极的培养作用。具体来说,主要体现在以下几个方面。

(1)在篮球教学活动中,肌肉紧张程度比日常生活中高,又面临着在不同困难条件和情景下完成各种教学要求，此时就需要坚强的意志使自己更好地完成教学要求。

(2)学生在篮球教学活动中，需要高度集中注意力，在意志努力作用下，克服外部和内部的不良影响。

(3)学生参加篮球运动训练时，机体很容易产生疲劳。而意志坚强者能够克服由于疲劳和运动损伤而产生的消极情绪，并坚持进行篮球运动。

3.智力能力对篮球运动教学训练的影响

人的智力和身体活动有着密切的联系，尽管随着年龄的增长，人的智力发展与其身体活动能力的发展逐渐分化，两者关系变得不明显，但智力的发展与身体活动能力的发展仍然存在着联系。比如在进行篮球运动教学训练时，要求学生具备精确的记忆能力、敏锐的观察能力、丰富的想象能力、快速的思维能力等智力素质，这样才能够取得理想的教学效果。

三、篮球教学与认知心理学 ▶▶▶

(一)认知理论概述

人的认知能力是与生俱来的，但也会受到环境、年龄、心理因素的影响。篮球运动对认知能力的促进作用是十分显著的，它能够有效提高学生的智力，使学生的记忆、反应、思维和想象等能力得到提高，还可以使学生情绪稳定、性格开朗、疲劳感下降，这些非智力成分对人的智力功能也具有促进作用。

(二)认知理论在篮球教学中的应用

篮球教学不仅是组织学生进行身体运动，也要传授大量与篮球运动相对应的操作性知识。因此，在某种程度上，篮球运动的教学过程就是促进学生认知能力发展和提高的过程。在具体的教学实践中，学生对篮球教材的感知、理解、体会、巩固、运用以及评价等认知活动有其固有的规律。教师在篮球教学中必须遵循这些规律，特别是在篮球知识与篮球技术表象之间建立起牢固的联系，同时通过认知活动不断激发学生学习篮球运动的兴趣和动机。

第三节 篮球运动教学训练的哲学基础

一、篮球运动教学训练的哲学依据

篮球运动教学训练的开展离不开哲学所提供的依据，具体从以下两个方面进行分析。

（一）教育哲学立场的提出

哲学与篮球教学的宗旨及过程具有内在的一致性，这种内在的一致性早在古代教育家的思想中就得到体现。下面就对比较具有代表性的柏拉图及其教育哲学思想以及赫尔巴特及其教育哲学思想进行分析和阐述。

1.柏拉图及其教育哲学思想

柏拉图习惯用对话的形式将自己的学说阐述出来，其本体论哲学立场是客观唯心主义“理念论”,其认识论则是“回忆说”。

柏拉图认为:“人应当通过理性，把知觉集纳成一个统一体，从而认识理念。这就是一种回忆,回忆到我们的灵魂随着神灵游历时所见到的一切;那时它高瞻远瞩,超出我们误以为真实的东西,抬头望见了那真正的本体。”在该教育哲学立场的指导下,柏拉图及后来的西方教育家、理性主义教学论专家都认为,理念比经验更重要,他们主张从系统的知识传授中认识和把握永恒不变的本体,这样的教学理念至今仍是理性主义教学流派的指导思想。

2.赫尔巴特及其教育哲学思想

赫尔巴特是康德哲学的教育哲学代言人，是近现代西方理性主义教学派别的集大成者，他的主要观点为：人们的精神生活的核心不能卓有成效地通过经验与交际来培养，而教学一定能较深入地渗透到思维工厂中去。由此可以看出，赫尔巴特的教育哲学思想倡导的是将教育活动与教学过程联系起来，将教学活动与精神建设联系起来，从而使得教学的地位大大提高，这也对教育者提出了更高的要求。

（二）教育哲学理念的分析

以卢梭和杜威为代表，他们的教育思想同西方理性主义相应而生，并且逐渐形成了教育哲学传统体系，这一体系包含的内容主要有自然主义、经验主义、实用主义等几个方面。下面就卢梭和杜威的教育哲学理念进行分析和阐述。

1.卢梭的教育哲学理念

卢梭是自然神论者，他反对用理性方法论证神的存在，主张从人的良心、感情出发来认识神，认为神存在于人的内心深处，这种教育哲学立场在某种意义上对西方理性主义教育哲学进行了较为深刻的批判。卢梭对自然的教育较为提倡，对儿童在美好的自然状态中学习与成长的过程非常重视，可以说，这是一种全新的教育教学理念。

2.杜威的教育哲学理念

杜威对卢梭的教育哲学理念进行了继承和发展，并且成为自然主义理念的开创者和实践者。杜威将教育、教学看作检验哲学真假和有效性的实验场，他指出，教学是一个实实在在的过程，是“行动—经验”这一理性过程的实用主义哲学；哲学在教育中“立足安家”，就应在教育中进行研究，因此，教学是检验和研究哲学问题的有效途径。明确地表述培养正确的理智习惯和道德习惯问题，就是教育哲学的本质所在。

二、哲学对篮球运动教学训练的指导作用

教育哲学的一般性理论在现代体育教学中仍然适用。教育哲学对篮球教学的指导作用主要表现在：教学研究者和广大教师需要理解隐藏在篮球教学

事实背后的教育哲学观念和教学研究的方法论，要求教师重视学生的兴趣、尊重学生，并通过篮球教学使学生的综合素质得到有效提高。

（一）哲学思想对篮球运动教学训练的指导

教学哲学理论以哲学理论作为理论支撑，而教师的教学意见、方法及教学行为都受教学哲学观念的影响和支配。具体来说，主要从以下几个方面得到体现。

1.如果是十分认同柏拉图哲学立场的教师，那么该教师在认识论上必然将人的认识看作对潜藏在心中固有观念的回忆，在教学方法上必然强调用提问和对话的方式来激发学生的意识。

2.如果教师接受了亚里士多德的唯实论哲学，那么该教师在认识论上必然认为认识来源于人们对物体的感觉。只有通过对感觉材料的抽象才能形成与现实物体相应的概念，在具体的篮球教学实践中，也必然表现为该教师更加重视、强调和遵守直观性原则，并利用各种方式充分刺激学生的感官。

3.如果教师深受杜威实用主义哲学熏陶，那么该教师则可能认为经验和知识都是人与环境相互作用的产物。因此，他在教学中会多组织一些让学生参与解决实际问题的活动，并使学校教学与社会生活更加紧密地联系起来。

（二）哲学价值论对篮球运动教学训练的指导

篮球的哲学基础涉及教学论各个层面的哲学解释和教师的哲学立场。单就教学内容的选择看，涉及的哲学问题是“什么知识最有价值”。换句话说，篮球教学作为师生校园生活的重要组成部分，涉及的问题是“什么样的生活最有价值，最值得师生追求”。对此，教师代表的哲学价值论不同，其认识也会有所差别（表 4–3）。

表 4–3 代表性哲学价值论对篮球教学的典型指导

价值论	唯名论或永恒主义立场的教学论	唯实论或经验主义立场的教学论
教学论内容	经典作品最有价值,即使失去了实用功能的古典学科,仍然具有训练思维的价值,而训练思维的价值是至高无上的	经过系统组织的科学知识和学生的经验最有价值,传统形而上学的前提和假设像宗教前提和假设一样,不能证明为真,也不能证明为假,不具有教学上为真的意义,而系统的科学知识是经过确证的知识,而且被证明能够切实改善人类社会的知识,学生经验除了教育学上的特殊意义外,还是前科学的“生活世界”
教学指导	“为将来做准备”的篮球教学应该是师生间持久而充满活力的精神生活	基于学生经验的科学知识的传授和探究是师生间最重要的也是最必要的生活

从哲学认识论的角度来看，哲学能够使篮球教学创新的理论思维层次得到有效提升。哲学从“教”的层面讲是思维的训练,从“学”的层面讲是思维的历练。篮球教学中的一切问题(教学事实、概念、命题、体系、创新)都可以通过哲学提供“思维”来得到解决。

第四节　篮球运动教学训练的教育学基础

一、现代教学论思想

（一）传统教学论的弊端

教学理论必须在遵循教育学原理和原则的基础上才能得以发展，教学理论与方法的发展必须遵照现代教育的观念不断更新教学观念。先进的教学论思想对教学理论与方法的发展起着重要的指导作用。

在篮球教学理论的发展过程中，不同时期有影响的教学论思想和观点，都对篮球教学理论的改革和发展起到过重要的影响。传统的篮球教学观是灌输型教学，其核心是教师向学生传输和灌输书本的知识与技术方法。这种教学思想忽视了学生在篮球教学中的主体地位，不能满足培养现代创造型篮球运动人才的需要。

（二）现代教学论的核心

教学理论都是根据社会发展和历史潮流的发展而不断发展和变化的。经过长期探索和发展，当前，我国的现代篮球教学已经形成了发展型（开拓型）的教学观，要求教师把知识的传授与学生的发展很好地结合起来。不仅要通过篮球教学促进学生智力的发展，还要通过篮球教学促进学生的情感、意志、个性等多方面的心理品质的发展。

现代化篮球教学的核心观念是发展。这种理论认为,把教授篮球知识与发展智能相结合是学生有效掌握知识的可靠基础。这种教育观念,就是以"学生为主体""以发展为中心"。这种教学对于解决传统篮球教学中死记硬背、满堂灌、呆板地模仿、高分低能等问题和弊端具有重要意义。

二、道德教育与篮球运动教学训练 ▶▶▶

作为我国学校教育工作的重要内容,道德教育对学校的办学方向和学生的健康成长有着非常重要的影响。

(一)篮球教学与道德教育的关系

1.篮球教学是道德教育的有效途径

增强学生体质,促进身心发展,培养德、智、体全面发展,是篮球教学的根本目标。由此可以看出,道德教育是篮球教学的重要内容之一。另外,篮球教学的教学形式有很多种,是通过各种身体练习和活动来进行教学的,而在这一过程中的各个方面都渗透着道德教育,这样往往能够取得事半功倍的教学效果。

2.篮球教学质量的提高在一定程度上得益于道德教育

篮球教学是道德教育的有效途径,同时道德教育是提高篮球教学质量的有力保障。要想使学生积极主动地参与体育课,就必须使学生对篮球学习的结果产生一定的认识和理解。通过道德教育,能够使学生的思想认识水平提高,学习态度有所端正,对篮球学习的认识进一步提高,从而使他们在篮球运动训练中能够克服困难、完成教学任务,进而使教学质量得到有效提高。

(二)道德教育对篮球教学的影响

在篮球教学中,道德教育对其产生的影响主要从以下两个方面得到体现。

一方面,道德教育对学生的全面发展会产生直接影响。通过道德教育的理论与实践相结合的教学方式,能够有效地将学生身心活动、理论与实践统一起来,对理想信念教育进行强化,使学生知、学、行的统一性得到进一步增强和深化,从而使学生的篮球运动能力和思想意识有机统一起来。

另一方面,当前社会与经济的不断发展以及文化的多元化,对学生的综合素质提出了更高的要求,这也是高校教育工作的需要。学生时期是学习道德知识、树立道德观念、拓展道德空间的关键时期,在这一阶段的篮球教学中渗透道德教育,能够将我国优良的道德品德传授给学生,使学生对他人、对社会都能做出一定的贡献。

三、多元智能教学理论与篮球运动教学训练

(一)多元智能教学理论概述

多元智能理论由美国哈佛大学心理学教授霍华德·加德纳博士于 1983 年提出，最先将身体运动智能纳入人类智能范畴。他认为每个人都具有多元智能。多元智能理论的提出具有非常重要的意义,为世界各国的教育改革提供了理论依据。他还指出"一个学生存在着许多不同的、相互独立的认知能力,不同学生具有不同的认知能力和认知方式。当一个人中风或脑受伤后,有些能力可能受损,有些能力可能因为与受损能力没有联系而保留下来。从脑伤病人得到的有力证据说明,人类的神经系统经过一百多万年的演变,已经形成了互不相干的多种智能"。

具体来说,多元智能主要包括语言智能、逻辑—数学智能、空间智能、身体运动智能、音乐智能、人际智能、自我认识智能。多元智能理论要求教师对学生的能力进行全面、多维的评价,而不能单从某一方面进行。

目前，传统的教学模式在一定程度上限制了学生的学和教师的教，鉴于此,我国教育改革将主题定为提倡素质教育,培养有个性的学生。另外,今后体育教学改革的一个方向,就是通过多元化的教学模式和手段,培养学生特质和激发发展潜能,使学生不仅具有强健体格,还具有健全的人格,实现身心全面发展。

通过深入了解多元智能理论，可以认识到个体的认知方式是独特的,每个人的智能强项都是独特的。这就要求在开发学生的智能时,要遵循个体差异性原则,做到因材施教。因此,通过各种各样有创意的、有情趣的、能够吸引学生的教学形式和方法,多维度地为学生搭建发挥各自智能强项的平台是十分必要的。

（二）体育多元智能教学的模式

在多元智能教学理论的指导下，体育教学的多元智能教学模式要将多元化的特点体现出来，具体来说，主要表现在以下几个方面。

1.体育教学形式的多元化。要突出体育教学形式在教学中的引导性，包含的内容主要有理论与实践、示范与指导、分组与合作。

2.体育学习形式的多元化。要突出学生在体育学习过程中的自主性，包含的内容主要有学生的创新能力、教学实践能力、语言表达能力和思维能力。

3.体育教学内容的多元化。要突出体育教学内容的综合性的内容主要有教学内容的针对性、创新性、现代性、丰富性。

4.体育教学方法的多元化。要突出体育教学方法的科学性，包含的内容主要有教师带领法、小组合作法、教学比赛法、角色置换法。

5.体育考核评价的多元化。要突出考核与评价方式方法及内容的合理性，包含的内容主要有平时成绩、技术考试成绩、理论考试成绩、教学实践成绩。

（三）体育多元智能教学的实施

体育多元智能教学的实施方法有很多，表 4-4 展示了现代化体育教学的智能化及其教学设计和具体实施方法。

表 4–4 体育多元智能教学的实施方法

多元智能	教学设计	具体实施方法
语言智能	1.创造语言学习环境,让学生学会有效说话 2.帮助学生在倾听中学习 3.让学生撰写学习心得	1.教学中学生互评,锻炼语言表达能力 2.授课过程中鼓励学生勇于提问 3.课后撰写心得,培养写作能力 4.在学生与学生、教师与学生的教学形式中有效沟通,培养语言交流能力 5.在角色置换中,以老师的角色在教学实践中培养和发展学生的语言组织能力
逻辑—数学智能	1.采用不同的提问策略,提出问题让学生解答 2.要求学生判断他的陈述和观点	1.技战术教学,让学生发挥想象力,鼓励用开放式思维思考问题并判断正误 2.运用物理学、生物力学、解剖学等理论知识分析技术动作要领
音乐智能	1.让音乐成为学习的一部分 2.通过音乐进行学习 3.用音乐激发学生的创造力	1.准备活动采用有音乐的活动操,培养学生身体的协调性和节奏感 2.鼓励学生自选音乐创编活动操 3.利用角色置换法,带领大家学习活动操
身体运动智能	1.创造身体的学习环境 2.通过表演的方式进行教学 3.通过体育活动促进智能发展	1.教学中以学生实践为主,增加练习时间 2.通过效果展示和比赛,让学生展现自我 3.通过学习街球、球类操促进智能发展
空间智能	1.为学生创造视觉化的学习环境 2.采用多媒体分解技术动作成因	1.采用直观教学方法,增强学生观察能力 2.鼓励学生多看体育教学录像、比赛录像
人际智能	1.实现真正的合作学习 2.在与他人接触中学会成长 3.学会解决矛盾和冲突	1.教学中培养团队精神、集体主义精神 2.学会处理学生与学生、学生与老师间的关系 3.培养学生组织能力
自我认识智能	1.引导学生树立并实现自己的目标 2.有效地运用各种积极的评价 3.注重情绪学习,促进学生反思	1.采用阶段性目标教学,鼓励学生自己树立学习目标,并逐步实现 2.学会自我评价,发现优势潜能和不足之处

（四）多元智能教学理论对篮球教学的影响

在体育教学中，能将多元智能理论与体育教学有机结合起来并寻找最佳结合点，便能为体育教学提供新的理论依据和支持。具体来说，多元智能教学理论对篮球教学的影响主要有以下几个方面。

1.多元智能教学模式的构成因素有很多，其中多元化教学形式、多元化教学内容、多元化教学方法、多样化教学形式、多维化考核评价等几个方面是最为重要的。这些方面都能够在篮球运动教学中得到充分体现。

2.在篮球教学中，运用多元智能教学往往能够起到非常积极的作用。具体来说，不仅能够使学生更加熟练、牢固地掌握篮球运动的基本知识和运动技术，而且能够有效提高学生的语言表达能力和思维能力，这有利于理想教学效果的取得。

3.在篮球教学中运用多元智能教学理论，能够避免一些矛盾和弊端，比如传统教学模式中对学生综合能力培养相对不足的问题，能够使教学模式与智能培养的特点更加相符，这对促进学生的全面发展是十分有益的。

四、现代教育思想在篮球运动教学训练中的应用 ▶▶▶

（一）健康第一

“健康第一”教育思想的产生主要有两方面的依据：一是健康教育思想与世界发展潮流相符，二是健康教育思想与社会发展的需求相适应。

“健康第一”的思想应该始终贯穿于学校篮球运动教学训练之中，成为篮球教学的灵魂之一，所开展的一切教学活动都要以此为基础。另外，可以将其与“终身体育”理念有机结合起来，达到让学生拥有健康体魄的目标。要想达到这一目标，在篮球教学中需要从以下几个方面来加以实施：第一，要大力提高教师的综合水平；第二，要将体育、卫生、美育有机结合起来；第三，要加强篮球运动教学训练的实用性，使学生能够在走向社会后也能继续通过这些知识和技术进行身体锻炼，从而促进健康；第四，教师要将篮球知识和技能方法通过正确的方式传授给学生。

（二）终身体育

20世纪70年代初，日本学者早川太芳首先提出“终身体育”，这一观念在90年代初传入中国。关于“终身体育”的概念，当前得到普遍认可的是：终身体育是指人在生命过程中所进行的有效健身手段或接受体育教育的行为。根据接受教育的等级区别，可以将终身体育教育的全过程划分为学前体育、学校体育和社会体育三个阶段。其中，学校体育中等级最高的是高校体育教育。

将“终身体育”纳入高校篮球教学中，能够使学生加强对篮球教学的重视，从而有效激发出学生对篮球运动教学训练的兴趣和积极性，更加主动地参加到篮球活动中，为良好教学效果的取得奠定基础。

（三）以人为本

教育作为人类社会特有的现象，有着深远的社会学理论来源。19世纪初，哲学家费尔巴哈首次提出“人本主义”原则。

以马克思历史唯物主义的观点为依据，可以得出这样的结论：“以人为本”中的“人”既是个体，又是群体，既具有自然属性，又拥有社会属性。在新时期和新形势下，教育领域在以人为本的基础上建立起来，坚定不移地实施科教兴国战略和人才强国战略，不断满足人民群众日益增长的教育需要。教育中“以人为本”中的“人”包括教师和学生。我国教育思想是在马克思主义关于人全面发展的理论基础上，与中国实际和时代特点有机结合起来，逐渐形成完整而科学的“以人为本”的教育价值取向。在社会主义制度下要实现人的全面发展，就必须大力实施科教兴国战略，优先发展教育。

将“以人为本”教育思想应用于篮球教学中，就是要将教师的主导地位凸显出来，将学生的主体作用展现出来。具体来说，就是要求教师根据学生的实际情况，针对性地开展篮球教学，切忌“一刀切”。另外，在篮球教学过程中，教师要将单方面传授知识和技能转变为使学生在教学过程中参与讨论，将教与学有机结合起来，在有效提高学生学习积极性的同时，获得理想的教学成效。

第五节 篮球运动教学训练的社会学基础

一、人的社会化定义

人的社会化在社会的生存与发展中有非常重要的作用和深远的影响。很多学者对人的社会化进行了相应的研究和探索,但没有形成统一的研究角度。因此,对于人的社会化,可以将其定义为:是社会将一个“自然人”教化为一个“社会人”的过程。

二、体育教育的社会作用及意义

体育教育在现代社会中具有非常重要的作用和意义,具体来说,主要表现在以下两个方面。

(一)对个体社会化起到积极的促进作用

个体社会化,也就是人的社会化。社会化是一个人在特定的社会文化环境中学习和掌握生活技能、行为规范和价值体系,并适应社会生活的过程。而由生物的人变成社会人的过程,也是所谓的社会化。社会化是个体趋同、融入群体的过程。在人的社会化过程中,体育教育有着非常重要的作用,而体育运动又是体育教育实施的重要内容和手段。体育课堂中会发生各种行为,如控制与自控、对抗与磋商、竞争与合作都能使学生从中体验服从、竞争、合作、展示、成功、失败等,并在不断学习、调适的个体社会化过程中提高适应社会的能力。

(二)能够使学生的个性发展得到完善

要使学生的个性发展得到进一步的完善,就要尊重学生的差异性、独立性和自主性。个性往往可以分为两种,即健康的个性和不健康的个性,教育所提倡发展的是学生健康的个性。健康的个性不是天生的,它需要教育的引导、培养和塑造,参与体育运动本身就是一种个性的展示。知识经济社会尤其需要独具特色的个性。体育运动恰恰为老师和学生提供了一个轻松和健康的舞台。作为个性教育的体育教育,一方面在尊重学生个体差异性的基础上,通过精心设计的各种情况去塑造学生的个性;另一方面还要给学生提供一定自主运动的时间和空间,使他们有可能将自己的独立性和自主性充分发挥出来,在无拘无束的自主环境中磨炼个体。

体育教育对个性的完善,优良的品格和心理素质的培养都是有益的。学校体育教育就是对学生进行有组织、有计划的个性培养和完善的过程。实践证明,体育教育能够使一些青少年的不良心理素质得到有效改善。

三、篮球教学的基本社会价值 ►►►

篮球教学在现代社会中具有重要的价值和意义,具体来说,主要从以下几个方面得到体现。

(一)有效促进生活技能的掌握

个体的生活技能主要包括日常生活技能和参加生产技能两方面。在不同的发展阶段,人们学习和掌握生活技能的侧重点也有一定的差异性。

身体练习不仅是体育教学的一种,同时也是篮球教学的基本手段,还是生活技能的学习途径。因此,对于生活技能的掌握来说,篮球运动教学过程中学生的身体练习具有非常重要的作用。除此之外,篮球教学还能为体质的增强、专门技能的训练提供必要的物质和精神保障,为学生更好地掌握生活技能奠定坚实的基础。

（二）有效的培养学生社会角色

社会中的人都会有多种社会角色定位，这对人的社会化起到积极作用。同样，篮球教学也能在一定程度上促进学生社会角色的培养，具体来说，主要体现在以下几个方面。

1.篮球教学对学生的行为起到约束作用，能够使学生遵守规则。在篮球运动中，每一位参与者都不同程度地接受团队活动的约束、限制、督促与激励，从而适应自己在群体中的角色。

2.篮球教学能够使学生的情感体验得到有效增强。在篮球教学中，学生有可能扮演着不同的角色，比如运动员、裁判员或者教练员，这些角色，有助于学生对不同角色任务的了解，对角色多样性和稳定性的理解，对角色的态度、情感以及心理习惯的培养。

3.篮球教学主要是通过教师的示范和学生的模仿来完成的。学生通过对教学中模仿与扮演角色的体验，使自己与集体和社会关系的意识得到进一步强化，这对学生日后深入认识自己的社会角色地位、理解和控制自己的社会行为都是较为有利的。

（三）有利于社会文化的学习

社会文化的核心是由两部分构成的，一是社会规范，二是价值体系。

一方面，篮球教学对社会规范的影响。以篮球教学中的篮球游戏教学内容为例，篮球游戏对社会文化学习有着非常重要的作用。对此，有学者指出：体育游戏独具价值的规则，使得青少年在游戏中初步认识了规则，养成遵守规则的习惯，并加深了对社会约束力的理解。而这种体验，则在一定程度上迁移和反映到现实生活中去，直接或潜移默化地影响他们在现实生活中对社会行为规范的意识，缩短对社会行为规范掌握的过程，并转化为实际行为，形成习惯，造成行为的社会定势。

另一方面，篮球教学对价值体系的影响。篮球教学对于学生价值体系的形成也有非常重要的作用，相较于体育游戏的学习和教学，篮球教学在形成个体系统的文化知识、开发个体的一般智能、形成个体系统化的价值观念和道德概念体系等方面具有重要意义，形成的个体价值观念与主流的方向高度一致，对学生认知和服从社会规范有着重要影响。

(四)有助于学生社会需要的个性形成

个性是指一个人在其生理素质和个性心理特征的基础上，在一定的社会历史条件下，通过社会生活的实践锻炼与陶冶逐步形成的观念、态度、习惯与行为，主要包括动机、兴趣、理想、信念、气质、能力、性格等。个性形成的影响因素主要有两个方面，一是遗传生物因素，一是包括家庭、学校、社会实践等在内的社会环境因素。

促进学生形成社会需要的个性并胜任相应的社会角色，是体育的重要功能之一。篮球教学对学生良好个性的形成具有积极作用。因此，相较于其他学科来说，篮球教学对学生良好个性的形成起到的作用，主要体现在教学的主动性、实践趣味性、直接参与性等方面。通过篮球教学，可使学生提高学习自主性、培养良好的意志品质和集体主义精神。

第五章　篮球运动训练体系的优化研究

在篮球运动的训练过程中,不但要做到认真实践，还需要在理论方面下足功夫,这样才能保证篮球运动训练的实践过程有据可依。本章就这部分内容进行深入探讨。

第一节 篮球运动训练的基本理论

一、篮球运动技战术的周期训练理论

篮球周期训练理论提出的依据有训练适应原理、竞技状态发展原理、疲劳与恢复原理等。

（一）训练适应原理

1.训练适应的概念

训练适应通常情况下是指，运动产生的有机体与施加负荷的外部环境不断取得平衡的过程。

2.训练适应的特征

（1）特殊性。在篮球技战术训练中，训练适应的特殊性主要表现在不同性质的运动负荷引起不同的适应性变化。

（2）普遍性。在篮球技战术训练中，训练适应的普遍性是指机体在技术、战术、形态机能、运动素质、心理过程等方面都能产生训练适应现象。

（3）异时性。机体通过篮球运动训练产生适应性变化，这些变化需要一定的时间来反应。一般情况下，机体在机能上的适应性变化在先，在结构上的适应变化在后。

（4）连续性。机体具有的异时性特点，会导致机体以渐进积累的方式形成全面的适应。在机体形成对某一运动负荷适应之后，反应就会越来越小，直到这种负荷不能再引起运动员竞技能力的提高。为了使机体各方面的训练适应进一步发展，就要科学合理地增加运动负荷。在负荷提高后，机体又能进入一个新的适应过程，从而有效提高运动员的竞技能力。所以说，机体各方面训练适应是连续性的适应。

（二）竞技状态发展原理

1.竞技状态的概念

竞技状态通常指运动员获得优异成绩的最适宜状态。

2.竞技状态的形成与发展

竞技状态的形成与发展主要包括以下几个阶段。

（1）初步形成阶段。这是竞技状态形成和发展的第一个阶段，该阶段又分为形成竞技状态前提条件阶段和初步形成竞技状态阶段。其中，前者中的前提条件包括有机体机能水平不断提高、运动素质得到全面发展、专项运动技战术的形成和心理素质的初步养成；后者的形成、发展具有专项化的特点。二者有机和谐地结合起来，从而形成一个完整的统一体，基本形成竞技状态。

（2）发展和保持阶段。该阶段的主要任务是进一步发展和保持竞技状态，并使篮球运动员在参加重大比赛前，通过赛前调控、热身，达到最佳竞技状态。

（3）竞技消失阶段。这里的竞技“消失”是暂时性的，竞技状态暂时消失，主要是为了让运动员进入调整、恢复阶段，迎接下一次竞技状态的来临。

（三）疲劳与恢复原理

运动恢复是指在篮球技战术训练中，运动员对机体承受运动刺激，并由此产生的机体内部生理效应和心理效应的一系列变化的应答过程。运动训练恢复的特征，是给运动员的负荷能冲击自身的“生理极限”，从而最大限度地挖掘篮球运动员的内在潜力。

在篮球运动中，负荷的直接结果是引起疲劳。当机体出现疲劳后，机体的状态就会明显下降。只有尽快恢复体能、消除疲劳，使机体的机能恢复到正常水平，才能进一步承受新的、更大的运动负荷。

二、篮球运动训练的调控理论 ▶▶▶

(一)应激原理

1.应激的概念

在球类运动中,应激是人体对于外部强负荷刺激(包括生理和心理刺激)产生的一种生理和心理的综合反应。当有机体受到异常刺激时,身体所产生的一种紧张的心理状态亦称为应激。

在篮球运动训练中,运动竞技能力的提高,需要对运动负荷进行科学合理的调整,不断提高运动负荷水平,打破机体对原有负荷的平衡状态从而达到一个新的负荷水平,在稳定一段时间后,再增加负荷。如此循环往复,从而达到提高技战术训练水平的目的,这就是"超量负荷原理",而应激学说正是超量负荷原理的生理学基础。

2.应激的作用

首先,应激可以对机体衰竭过程的发生起到防御作用,避免过度训练的出现。其次,应激可通过在运动负荷后恢复期中改变酶的活性和细胞的通透性,对运动员的恢复过程进行调整,以加强合成代谢,加速适应过程。因此,在技战术训练中,不但要掌握应激过程中肾上腺皮质系统的活动情况,还要充分提高垂体性腺系统在合成代谢中的机能,从而在运动训练中充分应用应激系统。再次,应激能提高人体机能的适应过程,该过程一般包括机体能源储备能力、机体调节能力和机体防御能力。激素调节是运动应激的核心,它通过激素调节引起酶的活性改变和机能储备的提高,进而提高机体免疫力。

(二)超量恢复原理

1.超量恢复的概念

超量恢复通常是指在运动后的恢复过程中,被消耗的能源物质含量,在一段时间内出现超过原有水平的情况。

2.超量恢复的作用

超量恢复是机体对运动负荷产生训练适应的第一阶段, 它是对未来重复进行较大运动负荷时能源物质再一次耗尽的一种预防性、保护性机制，对训练调控具有重要的理论意义和实践意义。

在现代篮球技战术训练中，超量恢复理论得到了广泛的运用，如间歇训练中的休息时间，就是根据恢复原理和规律中选择反应的时间，使休息时物质能得到一定程度的恢复，既能保证刺激强度，又能为进一步运动提供物质保证。

另外，超量恢复理论也为肌糖原填充法提供了理论依据。通过糖原负荷法，即在比赛前一周进行衰竭性训练，随后三天进行高蛋白、高脂肪膳食，使肌糖原水平下降，同时提高肌糖原的活动，最后三天进行高糖膳食。在这一周时间内完成一定的运动量和强度，并防止肌糖原过多消耗，使肌糖原产生明显的超量恢复，使运动员的竞技能力得到提高。

（三）恢复原理

1.恢复的表现

在篮球技战术训练中，机体恢复的异时性对运动训练的安排与调控具有极为重要的作用。机体恢复主要表现在以下几个方面。

（1）机体不同器官的恢复速度不同。首先是大脑和神经中枢的恢复，其次是心血管系统的恢复，最后是肌肉和心理的恢复。

（2）机体不同能源物质的恢复速度不同。篮球运动是以 ATP-CP 和乳酸系统为主，二者的恢复速度不同。

（3）不同训练运动负荷恢复速度不同。负荷越大，恢复越慢，负荷越小，恢复越快。

（4）不同训练水平的运动员恢复速度不同。训练水平越高，恢复速度越快，训练水平越低，恢复速度越慢。

2.恢复的类型

运动之后，机体各种机能的恢复和超量恢复不是同时发生。根据恢复过程的规律，在运动训练实践中有以下两种不同的恢复类型。

（1）不完全恢复。人体机能在运动负荷后已大部分恢复，但尚未达到原有水平时属于不完全恢复。不完全恢复用于下列训练过程：速度耐力训练、力量耐力训练、专项耐力训练和意志力训练。

（2）完全恢复。人体机能在运动负荷后恢复到或超过原有水平时属于完全恢复。完全恢复用于下列训练过程:协调和注意力集中训练、最大力量训练、反应和速度训练、技术训练和比赛训练。

(四)运动负荷原理

1.运动负荷的表现

运动负荷训练具体表现在:负荷水平的极限化、负荷量度的个体化、负荷内容的专门化、负荷内容的定向化、负荷水平的动态化等方面。

2.运动负荷的特征

(1)运动负荷调控具有个体性。由于运动员的生理机能、素质、技术和战术要求上都存在差异,使他们所承受负荷也有所不同,因而安排的运动负荷应具有明显的个体性特点。

(2)运动负荷调控具有综合性。一定的总负荷量和强度可以出现不同的组合。

(3)运动负荷调控具有动态性。运动负荷是一个持续的过程,这与训练过程的持续性有关。运动负荷所具有的动态性主要表现在负荷的连续性与系统性、负荷的节奏性、负荷的周期性等方面。

(4)运动负荷内容具有目的性与选择性。任何负荷结构都有它一定的目的性和功能特点,要根据训练目的和训练任务来选择运动负荷。

(5)运动负荷量度具有定量性与等级性。负荷的表示有两种方法,一种是以大、中、小定性方式表示,另一种是以具体的定量方式表示。在训练中,负荷量度的定量化能够有效提高负荷调控的精确性和科学性。

第二节 篮球运动训练的原则与方法

一、篮球运动训练的原则

（一）系统性原则

篮球运动训练的系统性原则是从开始训练到训练结束的整个过程中，篮球运动员都要遵循体能发展的内在规律，并以此为前提进行完整、系统的篮球技战术训练。

在篮球技战术训练中，系统性原则要求整个训练过程都要进行系统规划。具体来说，体育教师或教练员要对篮球技战术训练的内容、手段、负荷，以及各部分训练内容所占的比重做出系统安排。

（二）全面性原则

全面性原则是指在篮球技战术训练中，篮球运动员在发展专项运动技能的前提下，对各项素质作出全面的安排和发展，通过发展和提高一般身体素质来提高篮球运动水平。篮球技战术训练全面性原则的依据主要有以下几个方面。

1.只有全面发展运动素质和全面提高身体机能能力，才能为获得高水平篮球专项运动技战术水平奠定基础。

2.生物学研究表明，人体各器官系统之间是相互依赖的。任何运动项目的训练过程中,人体产生的各种变化都是相互依存的,运动员各项运动素质的全面发展有助于其不同运动素质之间的良性迁移,从而使运动员的技战术技能所要求的机能能力全面发展。

3.只有在一定基础上,才能使运动素质和运动技能发生转移,专项运动素质和技能的形成需要有一般运动素质作为基础。也就是说,只有运动员的各项素质得到全面发展,才能为篮球运动专项技能的学习创造条件。

(三)适应性原则

篮球技战术训练的适应性原则是指,运动员技战术能力的提高是由运动训练产生的有机体与施加负荷的外环境不断取得平衡的过程而产生的。研究表明,个体的训练刺激是由一定的刺激强度和刺激量构成的。有刺激就会有适应,但只有当刺激达到与个人竞技能力相应的强度和起码数量时,才能出现身体素质不断提高的适应过程。负荷量和强度越是接近个人竞技与负荷能力的最佳值,适应过程完成就越快,运动训练效果就越好。

因此,在篮球技战术训练过程中,应对运动员的身体素质进行定期测量与评定,以掌握其身体的各种信息变化,以便及时调整刺激量和强度的指标,并及时修正其训练计划。

(四)持续性原则

在篮球技战术训练过程中,遵循持续性原则具有非常重要的意义。机体对外界环境具有很强的适应性,如果负荷减少太多或突然中断,则训练所产生的适应就会消退;大量减少或中断训练,会中断运动成绩的持续提高。

实践证实,篮球技战术训练中,技战术只有通过多次练习才能逐渐掌握、熟练和巩固,身体素质也只有通过重复练习才能逐步发展,运动成绩也只有通过多次重复练习才能够得到不断提高。

由此可见,篮球技战术训练应当长期进行,即使是在休整期也不能间断。

(五)周期性原则

篮球技战术训练通常是以各年度训练为基本周期,年度训练分三个训练时期,各训练时期又以周为循环周期。

就篮球技战术年度训练来说,在整个训练阶段,训练经过周期循环不断进行。在此过程中,篮球运动员的技术水平、战术等方面都有所提高。

需要注意的是,篮球周期性训练应和持续性训练相结合,只有坚持多年系统的周期性训练,才能不断提高运动员的篮球运动技能和比赛成绩。

(六)区别对待原则

区别对待原则是现代篮球技战术训练的重要原则之一，该原则是指在篮球技战术训练中应根据运动员的年龄、性别、身体素质、训练水平、文化水平、心理特征等方面科学地确定训练任务、内容、方法和运动负荷。

教练员应该认识到,运动员之间都存在着许多差异。不同运动员各个方面的条件有所不同,且在训练中个人的起点不同,如有的开始进展很快,但后来慢下来;有的运动素质好;有的能适应大负荷量训练。随着训练深入,其发展程度也不同,如有的运动员在训练初期进展不大,但到了某一阶段技战术水平可能突飞猛进。因此,应针对运动员的个人特点合理安排训练,重视不同运动员在训练中的各种区别性因素。

(七)负荷控制原则

对篮球技战术训练负荷进行科学控制，应结合具体的篮球技战术训练任务、训练对象,有节奏地加大运动负荷。

为了提高篮球运动技战术水平,运动员在训练中必须重复练习,逐渐提高训练要求和不断增加训练负荷，最终把运动负荷提高到能承受的最大限度,才能创造个人新的纪录。这是因为,只有极限负荷的刺激,才能充分挖掘运动员机能的潜力,使其达到参加激烈比赛、创造优异运动成绩的要求。具体要求如下。

1.运动负荷逐步增加

在长期的训练过程中，逐步增加运动负荷可促进篮球运动员的技战术能力不断提高。如果训练的负荷总量总是一成不变,运动员可轻松完成而无疲劳感,则训练效果便会越来越小,其身体素质和竞技能力也就很难得到提高。但需要注意的是,技战术训练中,强调运动负荷的逐渐加大并非越大越好,也不是始终都大,而要从不同时期的训练任务和不同运动员的训练水平出发,以运动员的身体健康状况和机能能力的提高程度为依据，逐步增加，有节奏地安排。篮球技战术训练实践表明,有节奏地波浪式增加运动负荷的方法是比较科学的,在训练中运动负荷的增加可按照“适应—加大—再适应—再加大”的规律进行。

2.负荷结构定向化

负荷结构是指不同负荷因素的搭配。负荷结构的定向化是针对训练者的训练目的采用不同的负荷结构,因而选择负荷结构的方向很重要。例如,增强力量和力量耐力,要选择数量大,刺激强度小到中等的负荷;增强力量和爆发力,要选择数量小,刺激强度大到最大的负荷。训练目的不同,负荷结构则不同。

3.负荷突出篮球专项特点

不同运动项目训练对训练负荷的要求不同。在篮球运动训练过程中,要对练习的远度、高度、距离、时间和次数提出适当要求,突出篮球的专项特点。

(八)从实际出发原则

篮球技战术训练的从实际出发原则包括以下两方面。

1.篮球技战术训练应从训练对象的个人特点、比赛要求、训练条件等实际情况出发安排训练,训练要因人、因项、因时而异。

2.篮球技战术训练内容和过程的安排要符合具体运动训练的实际条件,训练要充分考虑场地设施条件。

(九)负荷与训练恢复相统一原则

在篮球训练过程中,机体在承受运动负荷的前提下消耗了能量,因此会产生疲劳,使机体机能暂时下降。恢复过程能使被消耗的能源物质得到补偿,而运动训练的超量恢复原理也告诉我们,在运动训练中重视机体超量恢复是提高运动员机体机能和篮球运动技战术能力的基础。

在篮球技战术训练中,可以采取“大强度素质训练与简单技术训练相交替”,或“一种素质不同部位练习相交替”及“几种素质穿插进行”等方式进行“休息与恢复”。尤其是大负荷训练后应有充分的静止休息。

(十)一般训练与专项训练相结合原则

该原则是促使篮球技战术能力不断提高的重要基础。一般来说,在篮球技战术训练中，为了使某一特性获得最大程度的发展，必须相应地发展其他素质以促进运动素质之间的相互迁移。只有具备了较高的身体发展水平，才能掌握先进技战术，承担大运动量训练。

篮球运动训练的一般训练与专项训练相结合，要求运动员应处理好两者的比重。例如，在基础训练和专项提高阶段，在训练大周期准备期的第一阶段和过渡期、恢复调整的小周期，一般训练比重大些。在比赛阶段，应主要安排专项训练。

二、篮球运动训练的方法 ▶▶▶

（一）重复训练法

重复训练法，指在不改变动作结构和运动量且相对固定的条件下，对某种动作采用同一运动负荷和相同间歇时间进行多次练习，以达到增加运动负荷和巩固运动技能的目的。在训练实践中，重复训练法主要是通过同一动作或同组动作的重复练习，不断强化运动者的运动条件反射过程。关于重复训练法，主要有以下两种分类。

1.按练习时间长短分类。可分为：短时间（不足30秒）重复训练方法，主要用于各种基本技术、高难技术的组合练习，以及有关速度素质和力量素质的发展；中时间（0.5~2分钟）重复训练方法，主要用于整套技术动作练习；长时间（2~5分钟）重复训练方法。

2.按训练间歇方式分类。可分为：连续重复训练法和间歇训练法。重复次数不同，对身体的作用不同，对巩固机能的作用也不同。

通过篮球技战术训练的实践证实，重复训练法有利于运动员掌握和巩固技术动作，使机体产生较高的适应机制，有利于发展和提高篮球运动员的技术水平和机体机能。

（二）循环训练法

循环训练法要求运动员根据篮球运动训练的具体任务，把预先设计的多项内容设计成若干站，在训练过程中使运动员按照一定顺序一站一站地练习，运用循环练习的方式周而复始地进行练习。开始时先练一个循环，过 2~3 周再增加一个循环，逐渐增加到 3~4 个循环，但最多不得超过 5 个循环。一次循环中应包括 6~14 个不同的练习，每个练习间歇为 45~60 秒钟，每个循环间歇为 2~3 分钟。该方法对刚刚参与篮球运动训练的人较为适用。概括来讲，循环训练法的作用主要表现在以下三个方面。

1.循环训练法有利于运动员增强肌力、增强心肺机能、提高身体素质。

2.循环训练法可消除枯燥感，机体肌肉不易疲劳，能调动运动员的积极性。

3.循环训练法可因人而异并能解决负荷量问题，避免运动者过度紧张。

（三）变换训练法

变换训练法，是指在篮球技战术训练中，通过有目的地变换动作组合、训练负荷，以及变换练习的条件和环境等进行训练的方法。可分为连续变换与间歇变换两大类。

篮球运动训练中变换训练法的应用十分广泛。例如，变换动作要求（动作速度、幅度、距离等）、变换动作形式（原地传球、跑动中传球）、变换动作组合（原地接球跳投、移动中背向篮接球转身跳投）、变换运动量（同一训练时间不断增加运动量和强度，或运动量时大时小）、变换训练器材（用小篮筐、加重球）、变换训练环境（馆内、露天、高原训练）等。

（四）间歇训练法

所谓间歇训练，是指重复练习之间按严格规定的间歇时间休息后再进行练习的方法。训练中间歇时间的长短，取决于训练的目的、训练的强度，以及运动员的训练水平和身体状况。每次练习的数量、练习的负荷强度、重复练习的次数（组数）、休息方式和间歇时间是构成间歇训练法的五个基本要素。

在篮球技战术训练中，根据超量负荷原理，可通过提高每次练习的强度，增加练习的重复次数和调整间歇时间。要科学、合理地制订间歇时间，并且要使训练负荷与运动员所能承受负荷的能力相符合，运动负荷过大或过小都不利于获得良好的训练效果。需要注意的是，在机体尚未完全恢复时，运动员就必须要进行下一次练习，从而保证训练效果。

运动员采用间歇训练法参与篮球运动训练，不仅能有效地提高呼吸机能，提高机体糖酵解能力和耐乳酸能力，还能在练习期间及间歇期间使心率保持在最佳范围之内，有助于提高和改善心脏泵血功能。只有这样才能在技战术训练当中保持良好的状态。

（五）比赛训练法

比赛训练法，是指组织竞争性的、有胜负结果的且以最大强度完成练习的训练方法。它包括教学比赛、检查性比赛、适应性比赛等。比赛训练法对于篮球运动训练的意义主要体现在以下两个方面。

1.比赛训练法能结合实战提高运动员的技术、战术、身体训练水平和心理素质。

2.比赛训练法是调动篮球运动员训练和比赛积极性的有效手段。它可以激发运动员的斗志，促使运动员积极向上、克服困难，从而创造优异的运动比赛成绩。

（六）模拟训练法

模拟训练法，是用一种模型去模拟另一种系统，并借助模型通过训练实践进行方案比较的一种“逐次逼近”最佳化的训练方法。在篮球技战术训练中，模拟训练法主要用于赛前训练。

（七）心理训练法

心理训练法，是指运用心理学的手段来提高运动员的心理素质和运动成绩的训练方法。主要有想象、表象、放松、语言暗示和生物反馈等训练手段。

心理训练与传统的身体训练、技术训练、战术训练和人格修炼相结合，构成了篮球技战术训练的完整体系。

（八）综合训练法

综合训练法，是指把重复训练、循环训练、变换训练等训练法结合起来的一种综合性训练方法。在篮球技战术训练实践中，各种训练方法并不是单一的存在和使用，因此，综合训练法的应用比较普遍。

综合训练法可以对篮球运动员的训练负荷与休息进行灵活调节，使其能够更好地达到训练要求，从而使运动素质得到有效发展，进一步提高其篮球运动技术水平。

随着现代科学技术的进步，篮球技战术训练方法不断推陈出新、日新月异。目前,借助新的科学理论(如系统论、控制论、信息论等),新的训练方法被不断提出,并在篮球训练实践中得到了很好的应用。

第三节 篮球运动训练的负荷

一、篮球运动训练负荷的定性

(一)训练负荷的专项性

训练负荷的专项性指训练负荷要与运动员的训练水平和篮球比赛要求相符。

在篮球运动训练过程中,训练负荷的练习分为专项练习与非专项练习。其中,专项练习是提高篮球专项运动技战术水平的直接因素,只有加强篮球运动专项训练,才能为提高篮球运动实战水平奠定良好的基础。

(二)训练动作的复杂程度

训练动作的复杂程度是篮球运动训练中客观存在的，是篮球运动训练中运动负荷定性的一个重要原则。

篮球运动训练实践中,动作复杂程度决定着训练负荷的大小。区分训练动作的复杂程度是控制篮球运动训练负荷的依据和需要，但因为篮球运动的竞争激烈，许多动作并不能预定，必须根据场上对手的表现临时作出选择性反应。所以,目前对此要作出量化评定难度较大。

(三)训练负荷的生理改善

确定篮球运动训练时机体工作的供能系统,是训练负荷定性的内容之一。

在篮球运动中，ATP-CP 和糖酵解供能约占 80%，糖酵解和有氧代谢约占 20%。因此，篮球运动训练应采用无氧代谢为主，有氧代谢为辅的训练原则。由于训练实践中，训练内容和训练手段不同，机体所消耗的能量物质不同，因此篮球运动训练应根据具体情况合理安排训练负荷。

二、篮球运动训练负荷的定量

（一）外部负荷指标

外部负荷指标，又称“负荷的外部指标”或“外部负荷”，包括负荷量和负荷强度两个指标，具体如下。

1.负荷量

负荷量指运动训练的数量指标。机体对负荷量的反应不强烈，所产生的适应程度就低，消退也较慢。在篮球运动训练中，负荷量各个指标测定的方法比较简单。例如，统计一次训练课、一个小周期、一个阶段或一年的训练负荷量，只要记录每次训练的时间、次（组）数，以及移动的总距离和总重量，而后通过计算就可得出运动员单位时间内负荷量的大小。

2.负荷强度

负荷强度是训练对有机体刺激强烈程度的指标。机体对负荷强度刺激所引起的反应比较强烈，能较快地提高机体各器官系统的机能水平，所产生的适应性影响较深刻，消退也较快。在篮球运动训练中，负荷强度的各个指标的测量方法复杂且困难。

目前，篮球运动训练中还没有简单易行的外部负荷指标的测量方法，一般可以通过记录技战术训练的时间、次数、难度，以及训练的对抗程度等进行量度。

（二）内部负荷指标

内部负荷指标是指运动员在训练过程中有机体内发生生理变化的指标。内部负荷的指标能比较科学、准确地反映有机体在负荷时产生的各种变化，有利于教练员根据这种变化去掌握和控制训练过程，安排训练负荷。

篮球运动训练中，在训练指标的定量方面使用内部负荷指标来测量的方法比较广泛。常用的指标主要有心率、血压、血乳酸、尿蛋白、血红蛋白、氧债、最大吸氧量等。

三、不同技战术训练负荷的判别

当篮球运动训练内容、训练手段的特点相对稳定时，可以明显地观察到有机体能力表现出来的动态变化。因此，可根据训练实践中运动员有机体机能活动性的动态变化来判别训练负荷的大小。

篮球运动训练实践中，运动训练负荷的大、中、小可以客观地按照机体恢复的时间予以判别。研究表明，训练负荷的大、中、小与有机体内环境的稳定性紧密相关，并且能具体反映到恢复过程的时间上。小负荷与中等负荷后，机体恢复过程的时间通常是几十分钟或几个小时。大负荷后，机体恢复的时间一般较长，有时可长达数天。

篮球运动训练负荷大小的判别应结合实际情况进行，根据生理学和生物学的指标来判别，也可以采用其他相对间接且客观的指标进行判别。不管使用哪种方法，都要保证训练负荷判定的准确性，从而保证技战术训练的质量。

第四节 篮球运动训练的计划

一、篮球运动全年训练计划

全年训练计划即以一年度为周期而安排的训练计划，根据比赛的时间、频率等来进行相应安排。全年训练计划要对训练的总任务、总目标和内容等方面进行安排，并确定阶段训练的重点、训练的负荷。

（一）全年计划的内容

1.运动者的起始状态。教练员或教师应对运动者的初始状况深入了解，这样才能够制订科学的训练计划。

2.确定训练任务与指标。只有明确了训练目标和任务，在具体的训练工作中才有努力的方向。

3.确定训练内容。训练内容应促进训练目标的实现。

4.划分阶段。进行训练阶段的划分，并在此基础上提出各训练阶段的主要任务。

5.规划运动负荷的动态变化趋势。使技战术训练与运动比赛相适应。

6.选择训练方法和手段。训练方法和训练手段决定了训练目标的实现状况，应针对运动者的具体情况采用不同的手段和训练负荷要求。

7.制订恢复措施。合理的恢复措施是良好训练效果的保证。

8.规划检查评定训练效果的内容、时间和标准。

(二)全年训练的基本结构

运动员的全年训练计划是以比赛为核心进行划分的。通常情况下,一个单周期训练计划包括三个阶段,即准备期、比赛期、过渡期;双周期训练计划则包括两个准备期、比赛期和过渡期。

1.准备期

准备期的主要任务是使运动员得到全面的提升,使其达到良好的竞技状态。准备期训练在大周期训练中具有极为重要的地位。一般情况下,单周期的训练时间为6~7个月;双周期为4~5个月;多周期为2~3个月。可将准备时期分为以下三个阶段。

(1)开始阶段。在开始阶段,通过采用一般的训练方法和手段,使得身体素质得到全面发展;然后逐步加强专项技能训练。全面发展身体素质的训练占40%左右,技术训练则应占35%左右,战术训练和比赛性训练应占25%左右。负荷量和负荷强度应逐渐加大。

(2)中间阶段。在第二阶段,应进一步加强身体素质的训练,同时应注重各专项身体训练。在训练比赛过程中,通过对技战术的实践,增强团队之间的配合。同时应注重理论知识的掌握和心理方面的训练。训练的负荷量应保持稳定,训练的强度可适当增加。该阶段身体训练占30%左右,技术训练占35%左右,战术比赛训练占45%左右。

(3)赛前阶段。赛前阶段,应致力于提高和巩固技战术,并进一步训练团队之间的配合能力。赛前阶段可参加一些热身比赛和邀请赛。这一阶段的训练应注重专项素质,在心理方面应注重自信心的培养,增强竞争意识,增加团队凝聚力,并注重队员意志品质培养。该阶段身体训练占20%左右,技术训练占30%左右,战术比赛训练占50%左右。

2.比赛期

比赛期的重要任务是保持和巩固良好的竞技状态。比赛期通常分为三个阶段,具体内容如下。

(1)开始阶段。这一阶段的身体训练应以专项训练为主,对掌握的技能进行巩固和提高。在战术训练方面,既要注重队员之间的熟练配合,也要强调个人战术意识的提高。训练的环境应与竞赛环境相适应,训练的负荷量可适当地减少，但是专项训练应增至最高点，并维持在这一状态。在竞赛开始前的2~3天，可减少负荷量，增加负荷强度。

(2)中间阶段。中间阶段为参加比赛阶段，除了继续进行必要的专项身体素质和技战术训练外，还应对竞赛对手进行观察和分析，并制订相应的应对策略。在训练中，为了使队员保持较高的竞技状态，应以对抗的方法进行训练，并注重加强薄弱环节的针对性训练。

(3)结束阶段。结束阶段即为最后几场比赛阶段，这一时期，应注重队员健康状况和疲劳程度。为了使队员保持在较高的兴奋状态，应安排相应恢复性训练，并注重队员心理和情绪的调节和控制。

3.过渡期

过渡期首要的任务是消除运动疲劳，为过渡到下一阶段的训练做准备。单周期时间较长，双周期和多周期往往与下个周期的准备时期相结合。过渡期应以积极性休息为主，并安排必要的休息时间。这一阶段的训练以一般训练内容为主，训练方法以游戏性、辅助性练习和其他运动项目活动为主，保持一定负荷量。另外，应及时总结比赛中的经验和教训，为下一阶段的训练提供指导。还应根据运动比赛中的表现对队员进行评价。

二、篮球运动周训练计划 ▶▶▶

(一)周训练计划的内容

1.周训练总体任务与每天、每次课的训练任务与要求。

2.周训练总体时间、次数与每天、每次课的训练时间及安排。

3.每天、每次课的训练内容及任务。

4.每天的运动负荷规划。

5.每天的恢复措施安排。

6.测试训练结果的安排。

(二)周训练的基本结构

根据篮球比赛的发展过程，可把篮球训练的周训练计划分为引入性小周期、准备性小周期、比赛性小周期和恢复性小周期。具体内容如下。

1.引入性小周期。这一阶段应安排在训练准备期的第一阶段，其主要任务是使运动员的机体适应即将开始的训练。

2.准备性小周期。一般准备小周期，是发展运动员的一般体能，形成篮球比赛所需的身体条件；专门准备小周期，发展专项体能和技能，提高运动员的专项技能。

3.比赛性小周期。比赛性小周期包括两方面，一是使运动员的机体适应重大比赛的要求；二是较小的比赛之前教练对运动员的最后调控。

4.恢复性小周期。在紧张激烈的运动比赛之后，或是大负荷训练周之后，安排相应的恢复性小周期，通过各种训练恢复手段消除运动员的疲劳，并促进超量恢复的出现。

三、训练课计划

训练课是各项训练计划完成的重要保证，各项训练目标的实现都需要贯彻到训练课之中。课时训练计划要严格按照周训练计划的要求展开，将各种训练手段、方法付诸实践。

（一）训练课计划的内容

1.体能训练课

其特点是提高身体素质，提高身体机能。通过身体训练，提高一般身体素质和专项身体素质，先安排一般身体训练，再进行专项身体训练。先速度、爆发力，后力量、耐力。

2.技术训练课

主要任务是学习、掌握、改进、巩固各项基本技术动作，提高各项技术动作质量与各种变化组合应用能力。

3.战术训练课

主要任务是攻防战术的局部与组合对抗练习，为实践创造有利条件。

4.综合训练课

在一次训练课中，包含了体能训练，技术、战术训练，有时还进行比赛对抗。综合训练课通常是在一项内容中包含多项内容同时进行训练。

5.比赛训练课

以比赛的形式进行训练提高。通常比赛训练是通过各种对抗练习、特定规则比赛、教学比赛、交流比赛、热身赛等方法,训练技术运用能力和灵活贯彻战术配合的能力。

6.调整训练课

调整型训练课一般安排在训练的过渡阶段，或是一个阶段的大负荷训练和激烈比赛之后。通常调整训练课的负荷较小,其主要任务是通过减轻运动员的负荷来消除疲劳。

(二)训练课的基本结构

训练课由准备部分、基本部分和结束部分三部分组成。

1.准备部分是使运动员调整心态、调动机能,准备承受训练负荷。

2.基本部分安排训练课的主要训练内容,其选择的练习手段可以多样,练习的方式可以采取成队的、小组的和个人的练习交替进行。

3.结束部分基本上有两种情况:一是根据运动员身体机能的活动性作下降性安排;二是人为地降低运动员的工作强度。结束部分的安排主要是为课后的迅速恢复创造有利条件。

第五节　篮球运动训练的评价研究

一、评价篮球运动技术水平的方法

（一）基础技术水平

对篮球运动员的基础训练水平进行评价的方法主要有以下几点。

1.脚步移动。

2.“之”字形跑。

3.综合运球。

4.跳投。也可称为“十点二十次跳投”。

5.摸高。也可称为“跨步双脚起跳摸高”。

6.传球。也可称为“对墙双手胸前快速传接球”。

（二）攻防技术水平

在实践中，主要是通过统计篮球比赛的技术情况，并以此为依据来对运动员的攻防技术进行评价。主要方法如下。

1.助攻

篮球运动员在运球或持球过程中，为方便队员投篮而进行巧妙的传球就是助攻。运动员配合意识的强弱、掌握与运用技术的能力可以通过助攻的次数集中反映出来。

2.抢断球

防守队员将对方手中的球抢到手、将对方手中的球打掉,或截获传球后把球牢牢控制住就是抢断球。在篮球比赛的防守过程中,运动员防守主动性、攻击性以及积极性的程度能够通过抢断球次数集中反映出来。

3.投篮次数

篮球比赛中一方篮球队投篮的多少就是所谓的投篮次数。篮球比赛中,失误次数与攻守速度的快慢主要由投篮次数决定。攻守回合随比赛速度的增加而增加。投篮次数随投篮失误的减少而变多。

4.比赛效率

运动员在篮球比赛中的效果就是比赛效率。投中 1 球、罚中 2 球、协防、助攻、抢断球、抢到篮板球等一次各计 1 分。违例、失误、失守等一次各计–1 分。

比赛效率的计算公式如下。

$$\text{个人效率数}=\frac{(\text{个人正分})+(\text{个人负分})}{\text{该队员上场时间}}$$

$$\text{全队效率数}=\frac{(\text{全场正分})+(\text{全场负分})}{200\text{ 分钟}(\text{一场比赛时间})}$$

5.罚球命中率

罚球次数与罚中次数之比就是罚球命中率。罚球命中率的计算公式如下。

$$\text{罚球命中率}=\frac{\text{罚中次数}}{\text{罚球次数}}\times 100\%$$

6.投篮命中率

投篮次数与投中次数之比就是投篮命中率。投篮命中率的计算公式如下。

$$\text{投篮命中率}=\frac{\text{投中次数}}{\text{投篮次数}}\times 100\%$$

7.篮板球获得率

本方获得篮板球次数与双方获得总篮板球次数之比就是篮板球获得率。篮板球获得率的计算公式如下。

$$\text{篮板球获得率}=\frac{\text{本方获得篮板球次数}}{\text{本方获得篮板球次数}+\text{对方获得篮板球次数}}\times 100\%$$

8.防守成功率

比赛中防守次数与防守成功次数之比就是防守成功率。防守成功率的计算公式如下。

$$防守成功率=\frac{防守成功次数}{防守次数(对方进攻次数)}\times 100\%$$

9.进攻成功率

积分与进攻次数之比就是进攻成功率。进攻成功率的计算公式如下。

$$进攻成功率=\frac{总积分}{进攻次数}\times 100\%$$

10.失误和违例

失误和违例是指控制球的队员由于个人行动不当而失去控球权。运动员或一个队技术水平的高低,以及在篮球比赛中运用技术的能力,是能够通过失误和违例次数的多少集中反映出来。

二、评价篮球运动战术水平的方法

评价运动员的战术水平时，要以运动员在比赛中采取战术的合理性和战术具有的意义为依据。主要分为进攻与防守两个方面的评价。

(一)进攻战术

对进攻战术进行评价的主要内容有:运动员的攻击、配合与传球的意识;运动员攻击、配合与传球的能力;对位置的调整能力。

(二)防守战术

对防守战术进行评价的主要内容有:运动员的防守策略与能力;运动员的协助防守意识与能力。

第六章　校园篮球技术教学与创新探索

篮球技术是运动员在对抗情况下合理运用专门动作的能力，既是进行篮球比赛的基本手段，又是篮球战术的基础。鉴于篮球技术的重要地位，在校园篮球教学中，必须将篮球技术教学重视起来，并加强技术教学创新，提高技术教学效果。本章主要从篮球技术理论阐析、篮球基本技术和高难技术教学、篮球游戏教学以及篮球技术教学创新等几方面对校园篮球技术教学与创新进行研究与探索。

第一节 篮球技术理论阐析

一、篮球技术的概念

篮球技术指的是运动员在篮球比赛中为了进攻与防守所采用的专门动作方法的总称。篮球技术包括移动动作(跑、跳、急停、转身等)、控球动作(传球、接球、运球、投篮等)、争球动作(抢球、打球、断球、抢篮板球等)等内容。运动员可以根据比赛需要将各种动作有机组合起来,形成新的篮球动作体系。

二、篮球技术的基本特征

(一)身体动作与控球的结合

在篮球运动中,运动员直接用手控球,并通过全身各部分的协调形成各种专门动作,这是篮球技术的最显著特点。

(二)动态与对抗的结合

运动员在篮球比赛中需要在不断的动态变化和持续对抗中运用各种技术,因此具有快速、多变的特征,运动员在快速多变的篮球竞赛中必须争取时空上的合理性和创造性。

（三）规范性与个体差异的结合

篮球技术符合一定的科学原理，所以具有规范性，某些动作环节的规范对技术的发挥和效果有直接影响，因此运动员必须按规矩来打磨技术。然而，因为运动员存在个体差异，所以他们表现的动作呈现出不同的特点和风格。在篮球训练和比赛中，教练员不能一味强求动作外形，而要强调实效。事实上，一些优秀运动员在比赛中采用的技术动作并不是特别规范。

（四）相对稳定与随机应变的结合

篮球技术中某些动作环节具有相对稳定性，但随着外界环境的变化，运动员需要及时调整技术，可见篮球技术属于开放式的动作技能。

三、篮球技术分类体系 ►►►

对篮球技术动作的类型进行划分，是运用科学方法区别篮球运动本体内容的一种思维方法。按动作结构的不同，可以将篮球技术分为篮球基本功、篮球进攻技术和篮球防守技术。篮球基本功包括基本姿势、基本步法；进攻技术包括传接球、运球、持球突破、投篮；防守技术包括抢球、打球、断球等。移动和抢篮板球技术既属于进攻技术，也属于防守技术（图 6–1）。

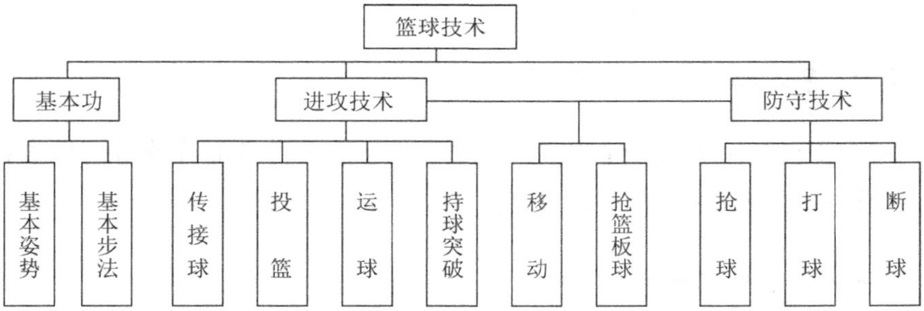

图 6–1

第二节 篮球基本技术教学

一、移动技术 ▶▶▶

（一）动作方法

篮球运动移动技术包括启动、跑、跳、急停、转身、滑步等内容。下面主要分析启动、跑、跳的动作方法。

1.启动

启动时，重心降低，上体前倾，两臂自然屈肘，后脚或异侧脚的前脚掌用力蹬地，快速摆臂启动，迅速而短促地完成起始步。

2.跑

篮球运动中，运动员跑的方式有变速跑、变向跑、侧身跑、后退跑等。

（1）变速跑是利用速度变化完成攻守任务。

（2）变向跑是利用方向变化完成攻守任务。

（3）侧身跑时，脚尖朝跑动方向，头和上体对准球的方向，以便对场上情况进行观察。

（4）后退跑时，前脚掌交替蹬地向后跑动，上体放松挺直，两臂屈肘配合下肢前后摆动，两眼平视，对场上情况进行观察。

3.跳

篮球运动中，运动员跳的方式有单脚跳和双脚跳。

（1）单脚跳。单脚起跳时，起跳腿一侧的膝关节迅速弯曲，先脚跟着地，迅速过渡到前脚掌蹬地。同时，腰胯用力上提，两臂上摆，另一腿屈膝上抬，提高起跳速度。身体腾空时，两腿伸直并拢，充分伸展身体。落地时屈膝缓冲，控制平衡。

（2）双脚跳。两脚左右开立同肩宽，屈膝。起跳时，两脚用力蹬地，两臂配合上摆，身体腾起在空中时充分伸展。落地时，屈膝缓冲，控制重心，接着做下一个动作。

（二）教学步骤

1.教学顺序

在移动技术教学中，教师要按照基本站立姿势“起动→跑→急停→转身→跳→滑步”的顺序教学，先攻后守，先易后难，循序渐进。

2.教学与练习步骤

教师先让学生在原地练习，体会动作方法和要点，然后让学生在慢跑中练习，对正确的移动技术动作加以学习和掌握，在此基础上移动速度要逐渐提高。

（三）学练方法

1. “8”字形跑

所有队员站在端线后，从限制区与端线的交点处（A 点）开始跑，绕三个跳球圈后向外侧身弧线跑，返回后排在队尾，依次进行。（图 6–2）该练习有利于学生侧身弧线跑时变速能力的提高。

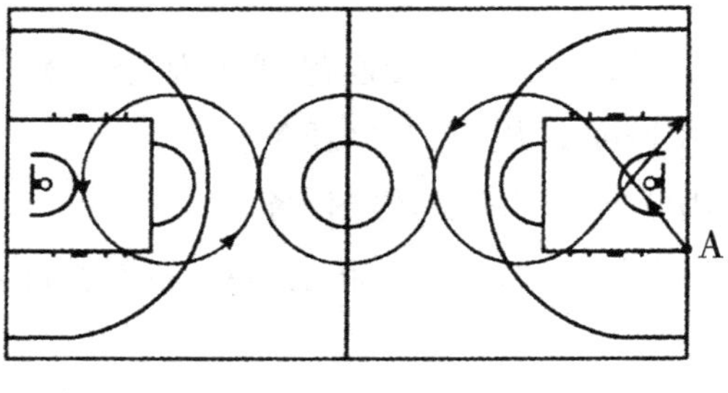

图 6–2

2.弧线跑

将全体队员分成两队进行练习，两队分别在篮下两侧站好，听到开始口令后，每队第一人从一端依弧线标志跑向另一端，后面的队员依次跟进（图 6–3）。

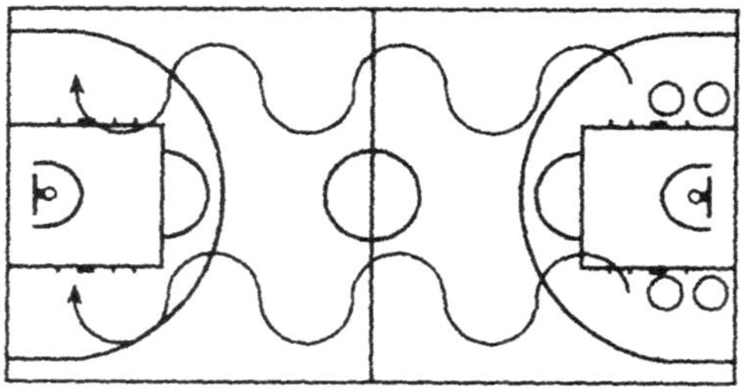

图 6–3

（四）教学建议

1.在移动技术教学中，强调移动的重要性，向学生说明掌握移动技术可以有效提高其他技术动作水平。

2.在移动技术教学中，教师尽可能运用视觉信号来扩大学生视野，使学生养成随时观察场上情况的良好习惯。

3.在移动技术教学中，重点教学内容是提高脚步的突然性、灵活性，也对动作之间的衔接性进行重点强调。

4.移动技术教学应与身体素质训练紧密结合，还应有机结合其他攻防技术。

二、运球技术 ▶▶▶

（一）动作方法

1.低运球

屈膝降重心，上体向前，目视前方，一手在体侧用手指拍球至后上方，注意观察周围，避免被对方抢断（图 6–4）。

图 6–4

2.高运球

稍屈膝，上体稍向前，目视前方。前臂自然弯曲，用手指拍球至后上方。上下肢动作保持协调(图 6–5)。

图 6–5

3.胯下运球

变向时，左脚在前，右手拍球至右上方，从两腿间将球运至身体左侧，然后上右脚，换另一只手运球，加快速度继续运球前进(图 6–6)。

图 6–6

4.转身运球

在右路遇到对方队员堵截时，迅速上左脚，屈膝转身，用右手把球拉到身体后侧方，在身体外侧拍球，然后换左手继续运球，摆脱对方（图 6–7）。

图 6–7

5.体前变向变速运球

要向对方球员的右侧突破时，先将球运向对手左侧，这时对方会下意识左移，此时迅速将球运向另一侧，右手拍球，并找机会向左前方运球。同时将对手挡住，用左手拍球，从对方球员右侧运球，摆脱对方（图 6–8）。

图 6–8

（二）教学步骤

1.在运球技术教学中，要按照“原地运球→行进间高低运球→运球急停急起→体前变向运球→背后运球→转身运球→胯下运球”的顺序进行教学。

2.将运球的目的和意义讲给学生，同时向学生仔细讲解运球的动作方法、要领、关键环节以及运用时机，指导学生对正确运球技术的学习与掌握。

（三）学练方法

1.绕圆运球

将所有队员分为六组，相对在两侧边线后站立。听到信号或口令后，排头启动运球，绕场内圆圈一周后返回原位置将球传给本队排在第二位的队员，然后站到队尾，第二位队员按照同样的方法练习（图 6–9）。各组按此方法依次完成练习。

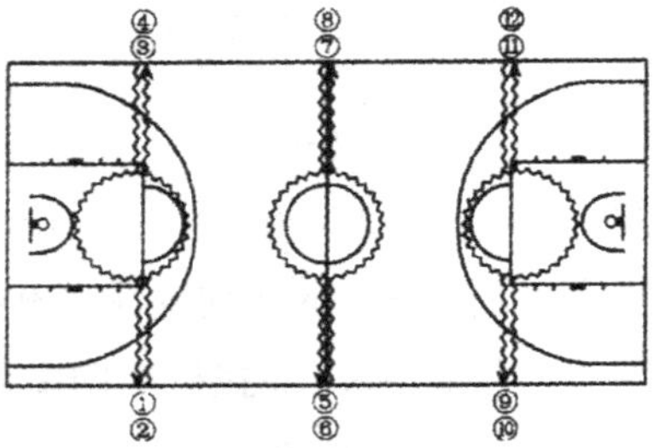

图 6–9

2.运球综合技术训练

将所有队员分为四组，排头持球向场地中圈运球，到中圈急停转身，给下一名队员传球：①给⑤传球，④给⑧传球，⑦给⑩传球，⑩给②传球（图 6–10）。以此类推。

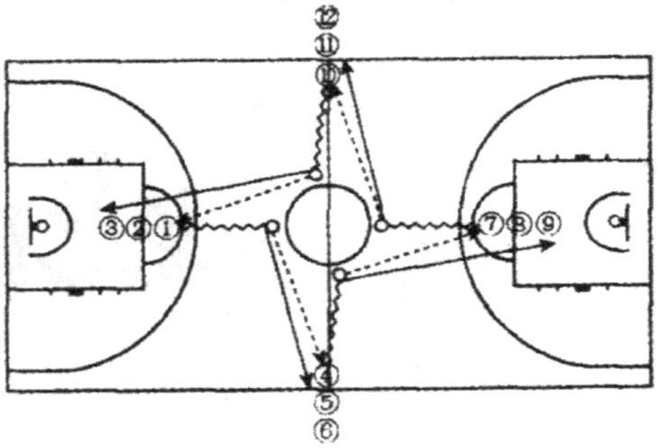

图 6–10

（四）教学建议

1.在运球技术教学中，要将运球基本功的教学与训练重视起来，促进学生控球、支配球能力的提高。学生初步掌握运球动作后，教师要让学生抬头练习运球，主要运用手感来控制球，使学生养成习惯。

2.在安排运球练习时，要与各种熟悉球性的练习结合起来，使学生的手上功夫和脚步动作同时提高，促进学生脚步的灵活和速度的提高。

3.运球技术训练中，要结合传接球、突破、投篮等技术进行。在结合训练中，要对学生运球的战术意识进行培养，使学生能够将运球时机掌握好，从而促进全队战术任务的完成。

4.在加强防守练习中，要从消极防守练习开始逐渐过渡到积极防守练习。训练中要不断加强对抗，促进学生应变能力不断提高。

三、传接球技术 ▶▶▶

（一）动作方法

1.传球技术

（1）双手胸前传球。

十指自然分开，双手拇指成“八”字形，用指根以上部位持球，双肘弯曲，持球于胸前，成基本站立姿势。传球时，后腿蹬地，重心前移，翻转手腕，前臂前伸，拇指用力下压，手腕前屈，用食指和中指用力拨球（图 6–11）。

图 6–11

(2)单手肩上传球。

以右手传球为例。向传球方向迈左脚,半步距离即可,同时引球到右肩上方,前臂平行地面,肘臂外展,手腕后仰。左臂与传球方向对准,右腿支撑重心,右脚蹬地,转体,前臂迅速前挥,手腕前屈,用食指和中指的力拨球。球出手后重心前移,保持平衡(图 6-12)。

图 6-12

2.接球技术

(1)双手接球。

注视来球,伸展双臂,十指自然分开,两手拇指成"八"字形,两手保持半弧形,间距适中,指尖朝前上方。手指触球后,两臂随球后引,缓冲来球力量(图 6-13)。

图 6-13

(2)单手接球。

以右手接球为例。向来球方向迈右脚,一步即可,注视来球。接球时,五指分开,右臂伸向来球。手指触球后,右臂顺势向下引球,左手迅速握球(图 6-14)。与双手接球技术相比,控制范围大、方向变化多是单手接球技术的主要优势。

图 6–14

（二）教学步骤

1.在传接球技术教学中，首先要向学生讲解原地传接球的动作方法，并准确示范，然后再讲解与示范行进间传接球技术。

2.在学生对原地和行进间传接球技术有所掌握的基础上，结合其他技术进行教学。

3.安排学生在防守对抗中进行练习，促进学生实践能力的提高。

（三）学练方法

1.三角传接球

将所有队员分为三组，三组队员依三角形纵向站立，各组的排头之间相距 4~6 米。①给②传球后跑到②组队尾。②给③传球后跑到③组队尾，③给①传球后跑到①组队尾，后面的队员依次进行练习（图 6–15）。

2.四角直线传接球

将所有队员分为四组，①给②传球、②给③传球、③给④传球、④再给①回传。反复练习（图 6–16）。

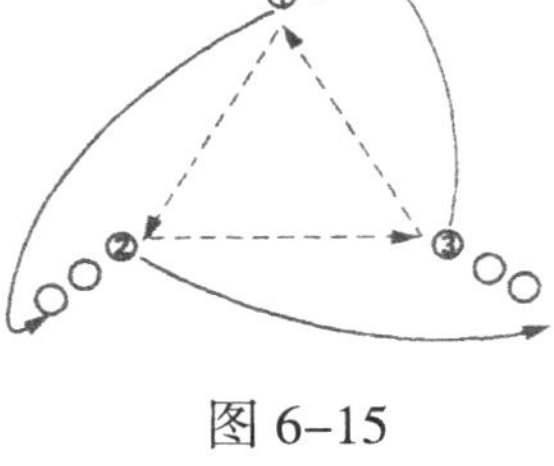

图 6–15

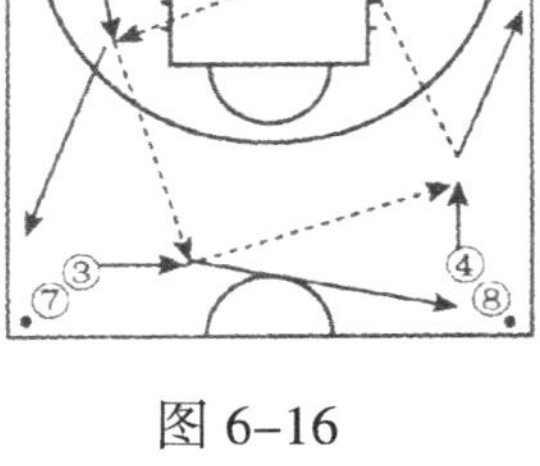

图 6–16

（四）教学建议

1.在传球技术教学过程中，要将传球手法的教学重视起来。要按照传平直球、传折线球、高吊球（弧线球）的顺序进行教学，并指导学生对这三种传球路线交替进行练习。严格要求动作规范和要领，使学生正确掌握传球手法和多样化的传球方式。

2.在传球技术教学中，要注重接球环节的学练，使学生对正确的接球手法加以掌握。

3.在学生对动作规格有所掌握的基础上，要注意对学生的观察和判断能力进行培养，使学生学会在恰当的时机将自己的传球意图隐蔽起来，并学会运用假动作。

4.教师应根据学生实际情况安排传接球练习方法，并在练习中对学生的配合意识与协作能力进行培养。

第三节 篮球高难技术教学

一、持球突破技术

(一)动作方法

1.原地持球同侧步突破

以左脚作中枢脚为例。两脚左右开立,屈膝降重心,球位于腹前。突破时,先做投篮假动作,待对方球员向前移动重心时,右脚迅速大步向前方跨出,左脚前脚掌迅速蹬地,向前方跨出并运球,摆脱对方(图 6-17)。

图 6-17

2.原地持球交叉步突破

以右脚做中枢脚从防守队员右侧突破为例。准备姿势参考上面的技术。突破时，右脚向右前方小步迈出，在对方球员向相应的方向移动后，右脚快速蹬地，向左前方大步跨出，上体稍左转，向左前方移动重心，将球推送到身体左侧，用左手推按球于右脚左前方，接着左脚蹬地超越对手(图 6–18)。

图 6–18

（二）教学步骤

1.按照“原地交叉步突破—同侧步突破”的顺序教学。

2.在贯彻由易到难、由简到繁的基础上进行持球突破技术教学。先讲解与示范单个技术，再传授组合技术，最后使学生在对抗中学会运用技术。要求学生分别进行左右脚做中枢脚的练习。

（三）学练方法

1.背对篮后撤步转身运球突破

①背对篮持球，后撤步，转身，用同侧手运球突破上篮(图 6–19)。

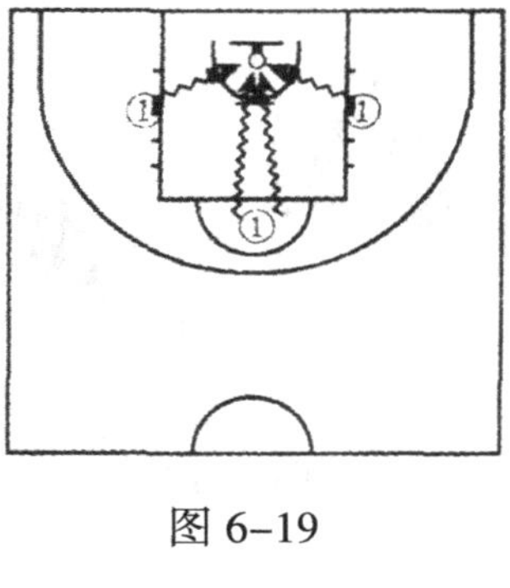

图 6–19

2.移动接球急停后撤步接后转身突破

如图 6–20 所示,⊗给①传球,①在移动中接球面对篮急停。❶防守抢球。①左脚后撤步,以右脚为轴转身突破上篮(图 6–21)。

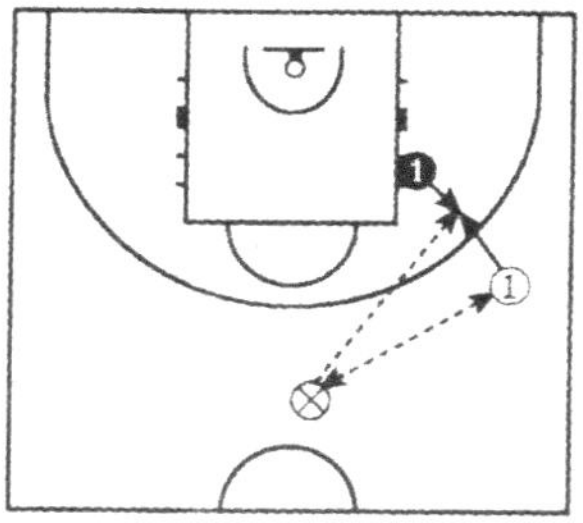

图 6–20

图 6–21

(四)教学建议

1.持球突破技术教学中,要将技术动作的规范性重视起来。使学生不仅学会右脚做中枢脚的突破技术,还要掌握左脚做中枢脚的突破技术,并能合理运用不同的技术。

2.对学生的突破意识进行培养。促进学生观察判断能力的提高,使学生将突破时机掌握好。

3.对学生勇敢、顽强的精神与意志品质进行培养。使学生敢于在贴身紧逼中正确运用突破技术。同时应注意培养学生对突破技巧的灵活掌握,使学生逐步学会利用位置差、时间差、假动作和节奏变化等技巧将自身的突破威力充分发挥出来。

二、投篮技术 ▶▶▶

(一)动作方法

1.原地单手投篮

双脚左右开立,自然屈臂,手腕后仰,上体前倾并保持放松,眼睛瞄准篮点,膝稍屈。投篮时迅速蹬伸下肢,手腕前屈,用指端拨球,用食指和中指的力投球,身体自然跟进。注意保持身体平衡(图 6–22)。

图 6–22

2.跳起投篮

以右手投篮为例。

两脚开立，两膝微屈，双手持球，上体放松，注视篮圈。起跳时，下蹲、展腰，手臂迅速举起，同时双脚起跳，至最高点时左手从球上离开，右臂继续伸向前上方，用指端拨球。投篮后落地缓冲，准备冲抢篮板球或回防(图 6–23)。

图 6–23

(二)教学步骤

1.在投篮技术教学中，按照“原地投篮→行进间单手肩上投篮→行进间单手低手投篮→原地起跳投篮”的顺序教学。

2.教师通过讲解、示范使学生形成正确的投篮技术动作定型。在学生对投篮的基本手法和步法有所掌握的基础上，练习次数、距离、难度、强度、密度等要素可逐渐增加，提高练习难度，并安排学生在攻守对抗条件下练习，促进学生投篮运用能力的提高。

（三）学练方法

1.底线连续移动投篮

4 人一组，每组 1 个球，一名队员投篮，一名队员捡球，两名队员传球。①在底线接②的传球后投篮，并快速向另一侧底线移动，移动到位后接③的传球投篮（图 6–24）。投篮达到一定次数后，每组 4 名队员轮换位置进行练习。

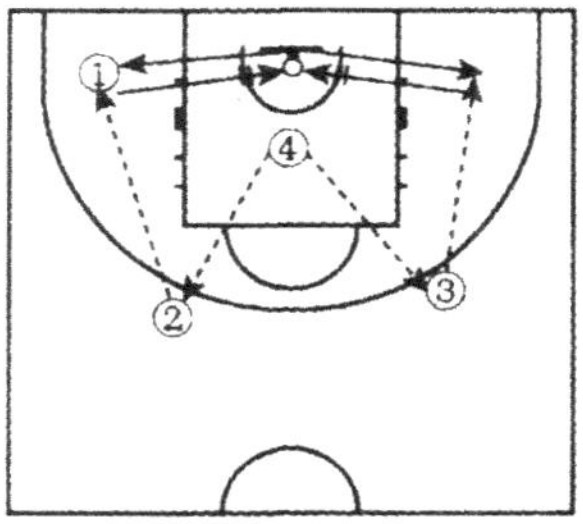

图 6–24

2.两点移动投篮

2 人一组，每组 1 个要球，一名队员投篮，一名队员传球，投篮者在中、远不同距离投篮（图 6–25、图 6–26）。连续投篮达到一定次数后，与本组的传球者交换位置继续练习。

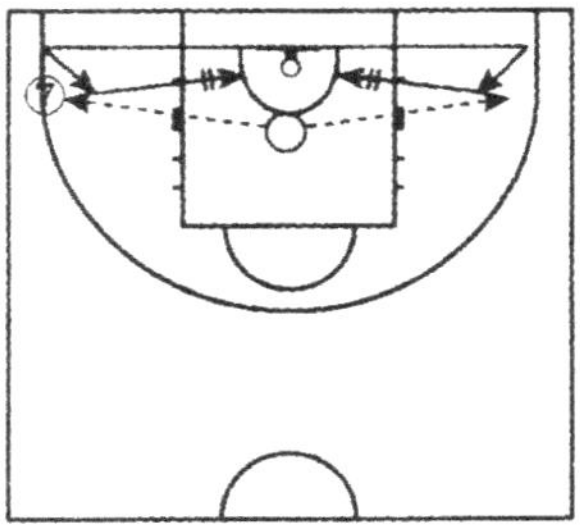

图 6–25

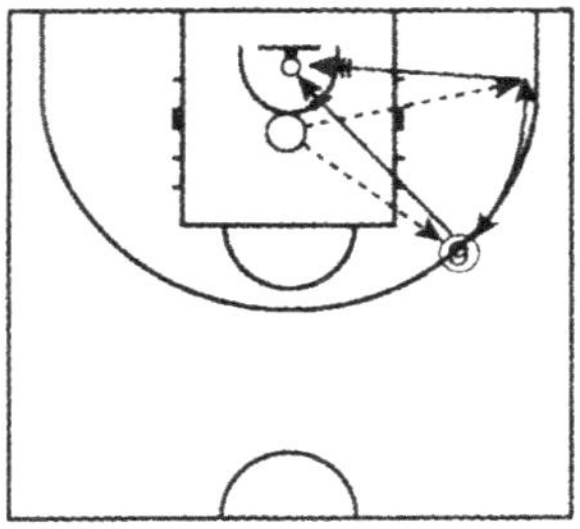

图 6–26

（四）教学建议

1.在投篮技术教学中，教师要结合传接球、运球、突破、假动作、抢篮板球等技术安排投篮练习，对学生的应变能力进行培养。

2.在投篮技术教学中加强心理训练，促进学生投篮命中率的提高。采用比赛、模拟实战等特殊训练方法促进学生抗干扰能力和应变能力的提高。

3.教师在战术背景下安排学生进行投篮训练，对学生的配合意识和能力进行培养。

4.在教学中随时观察学生的动作，及时发现错误动作，帮助学生分析错误原因，指导学生改正。

三、抢篮板球技术 ▶▶▶

（一）动作方法

1.抢进攻篮板球

以外线队员抢篮板球且从防守人身后左侧冲抢为例。

进攻队员与球篮相对时，右脚右跨步做假动作，随后右脚以小步向左跨出，重心落在左脚，同时右脚迅速向左跨步绕前，挤靠防守队员，从而跳起抢篮板球或补篮（图 6–27）。

图 6–27

2.抢防守篮板球

以处在外围的防守队员抢篮板球为例。

当进攻队员投篮、防守队员面向对手时,进攻队员观察对手的意图,转身阻止对手移动到篮下,抢占有利位置。起跳抢球时,两臂上摆,同时前脚掌用力蹬地,身体和手臂迅速伸展,并在最高点迅速抢球(图 6–28)。

图 6–28

（二）教学步骤

1.在抢篮板球技术教学中，要按照“原地起跳抢球→移动、抢位、挡人→起跳抢篮板球”的步骤进行教学，最后组织对抗条件下的抢球练习。

2.在抢篮板球技术教学中，教师首先要使学生对抢篮板球的重要性有所明确，注意对学生顽强的战斗作风和积极拼抢的意识进行培养，使学生养成每投必抢的好习惯。

3.要使学生了解投篮不中时球的反弹、落点规律，在此基础上对学生抢进攻篮板球的冲抢意识和抢防守篮板球的挡抢意识进行培养。

（三）学练方法

1.两人托球碰篮板练习

2 人一组，每组 1 个球。①和②分别在篮圈两侧站立。①跳起托球碰板给②传球，②跳起托球碰板给①传球（图 6–29）。连续做 10~30 次后排到队尾，依次练习。

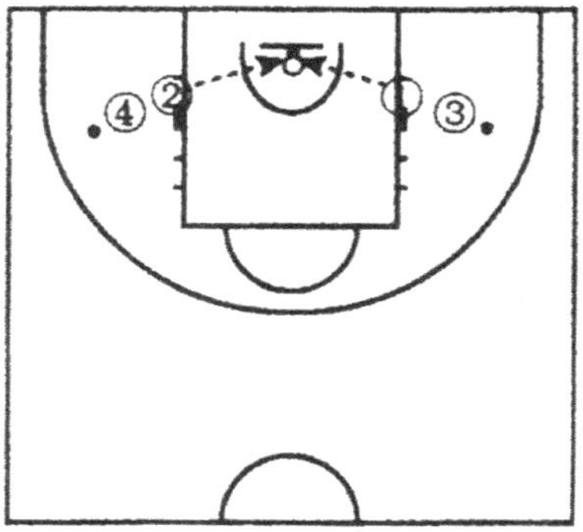

图 6-29

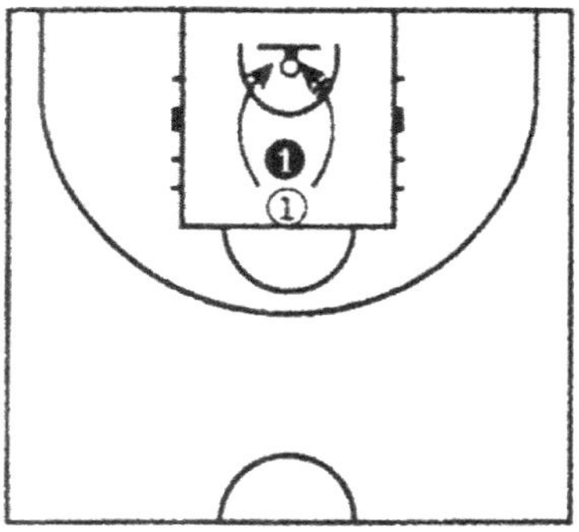

图 6-30

2.绕过防守抢前场篮板球练习

2 人一组，每组 1 个球。❶、①与篮筐相向而立，①投篮后，从❶身边绕过去抢篮板球（图 6-30）。抢球后两人互换位置排到队尾，依次进行。

具体有以下两种绕过方法。

（1）直接从防守队员身边绕过。

（2）与防守队员紧贴，然后 360°转身绕过。

（四）教学建议

1.在抢篮板球教学与训练中，要结合其他技术进行。如结合一传、运球突破技术进行抢防守篮板球教学和练习；结合补篮、二次进攻技术进行抢进攻篮板球教学与练习。

2.教师要在战术背景下安排抢篮板球练习，促进学生抢篮板球技术和战术能力的提高。

3.在抢篮板球技术练习中，注重实战训练方法的运用，加强对抗条件下的练习。

4.注意将身体素质训练和控球能力训练结合起来，使学生能够在激烈对抗环境中高效运用抢篮板球技术。

四、防守技术

（一）动作方法

1.防无球队员技术

以防摆脱为例。

防摆脱指的是限制和封堵无球进攻队员的摆脱。通常，在后场进攻队员通过快下接球攻击进行摆脱。这时，防守队员一定要主动防止其进攻动作。在篮球比赛中，抢占有利的防守位置是防守无球队员的关键。

2.防有球队员技术

以防投篮为例。

防止对方投篮成功是防投篮的根本目的。因此，在对手掌控球后，防守队员要时刻保持警惕。斜步防守贴近对手是防守队员主要采取的防投篮手段，挥动手臂对其进行干扰，使其放弃投篮。与此同时，另一手臂要向侧方伸直，给对手传球造成阻碍。防守队员要对对手是否投篮做出正确判断，注意其假动作。

（二）教学步骤

1.在篮球防守技术教学中，教师要先教单个技术，再教组合技术；先组织学生在消极对抗下进行练习，然后安排积极对抗练习。在学生熟练运用防守技术后，教师要结合防守战术配合安排学生进行练习。

2.在防守技术练习中，要指导学生树立积极防御的意识。对学生积极主动的攻击性防守意识进行培养，使学生养成勇猛顽强、勇于拼搏的防守精神。

3.在防守技术训练中要特别重视转化训练，即从防无球到防有球，从防强侧到防弱侧的转化。

（三）学练方法

1.防有球队员

以原地“盖帽”练习为例。

2 人一组，每组 1 个球，每组中的两名队员一人负责进攻，一人负责防守，在两个半场练习。进攻者在原地投篮或向左、右侧运球一次急停跳投，防守者跳起"盖帽"（图 6–31）。进行 3~5 次练习后，双方互换角色练习。

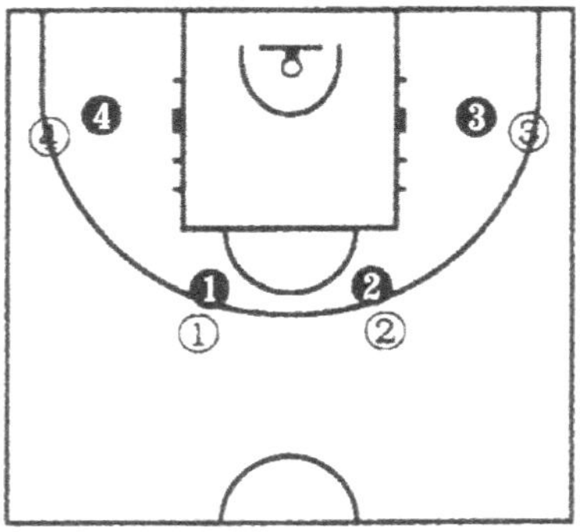

图 6–31

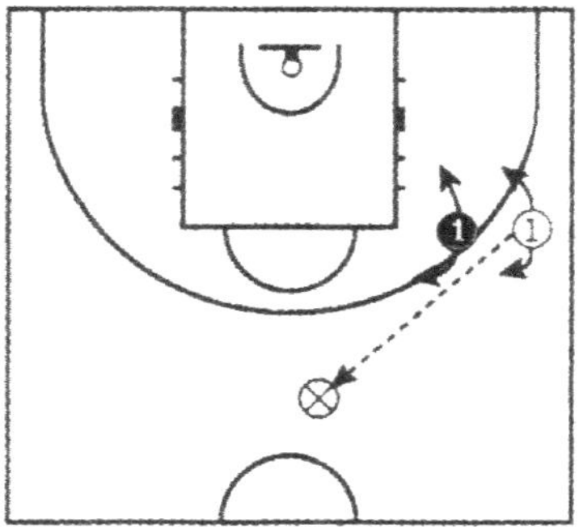

图 6–32

2.防无球队员

以外线队员半场一对一防摆脱接球为例。

①给⊗传球后做摆脱，❶积极防守，尽可能阻止①在 45°接球。如果①成功接球，则重新给⊗传球（图 6–32），❶防守时间达到 30 秒后，①担任防守队员的角色，另一名队员负责进攻。

（四）教学建议

1.在防守技术教学训练中，教师首先要对正确的防守位置、距离、姿势和步法进行讲解与示范，使学生建立正确的动作概念。

2.在篮球防守技术教学过程中，要遵循循序渐进的原则，由简到繁、由易到难指导学生练习，难度和要求应逐渐增加。

3.加强对学生积极防守意识的培养，提醒学生要集中精力抢防守球，避免重攻轻守。

第四节 篮球游戏教学

一、传接球游戏

（一）对墙传球

1.游戏目的

促进学生传球速度和准确性的提高。

2.场地器材

平整墙面，若干篮球。

3.游戏方法

墙上画一个边长为 30 厘米的正方形，在与墙间隔 4 米左右的地方画一标志线，队员在标志线后横排站立，前排持球。

游戏开始后，每人用已经规定好的传球方法对墙连续传球，每人传球次数为 20~30 次，如将球传在正方形内得 1 分。最后分数多者为胜，后排队员担任裁判，计前排队员的传准次数。前排完成规定次数的传球后，前后排交换位置，按同样的方法继续游戏。

4.游戏规则

不允许队员越过标志线。

5.游戏建议

可根据实际情况调整传球距离和传球方式。

（二）转身传球

1.游戏目的

对学生的灵敏素质、传球能力和移动协调性进行培养。

2.场地器材

一块篮球场，若干篮球。

3.游戏方法

在场地上画一个长方形，长 20~30 米，宽 5~8 米。3 人一组，每组在一块长方形场地上练习。

开始游戏后，甲、乙两人先在两端掷地滚球，丙在场内接球。甲先掷球，丙接球后，转身给乙传球，并就地准备接球；乙掷地滚球，丙接球给甲传球。连续 10~20 次后，三人轮换位置继续练习。

4.游戏规则

（1）地滚球掷出后需在长方形内。

（2）接球人应跑上接地滚球，并准确完成转身传球，传球失误应受到相应的惩罚。

5.游戏建议

根据教学对象和天气状况对运动量进行安排。

（三）两传一抢

1.游戏目的

使学生掌握隐蔽传球技术，促进学生传接球动作速率的提高。

2.场地器材

一块篮球场，若干篮球。

3.游戏方法

3 人一组，其中两名队员相距 5 米，相对而立负责传球，第三名队员站在他们中间担任抢球者。

开始游戏后，传球者以不同的方式相互传接球，避免让抢球者成功抢球；抢球者来回快速移动抢截球。如果其中一人的球被抢到，则该传球队员与抢球队员互换角色继续进行游戏。

4.游戏规则

(1)两名传球队员不得随意拉大或缩小传球距离。

(2)传球者只能在规定范围内传接球,不得运球躲避防守。

(3)传球者只能用隐蔽传球方式传接球,不允许传高球。

(4)抢球者只要使球的运行路线发生改变,就算成功抢到球。

二、运球游戏 ▶▶▶

(一)运球相互拍打

1.游戏目的

使学生熟悉球性,促进学生支配和保护球能力的提高。

2.场地器材

一块篮球场,若干篮球。

3.游戏方法

一人一球在半场内分散开来，每人自己运球并随时伸手拍打周围队员的球,同时保护好自己的球不被他人拍打。成功拍打到其他队员的球得 1 分,被同伴拍打到一次减 1 分,3~5 分钟后统计分数,多者为胜。

4.游戏规则

(1)所有队员只能在规定区域内相互拍打。

(2)统计个人分数时用得分减去失分。

5.游戏建议

(1)可间隔一定时间后继续进行练习,提高难度。

(2)采用淘汰法增加游戏的竞争性和趣味性。

(二)追拍运球者

1.游戏目的

使学生对变速运球技术加以掌握,促进学生动作速度、启动速度、变速速度的提高。

2.场地器材

一块篮球场,若干篮球。

3.游戏方法

按两人一球的比例把球放在球场中圈,把队员分为两队,人数相当,在球场两端线后成横排站立。

开始游戏后,两排从各自端线同时启动快速向中圈跑,站在圈外用手拿起圈内的球并向本队端线快速运球,未抢到球的对方队员以最快速度追运球队员,并用手轻拍对方身体,被击拍队员把球交给对方,同时反过来追拍持球队员;一旦运球队员返回本队端线后,即得1分;若运球队员在快被追上时突然运球急停,则追拍队员不得触及他,若运球队员再次启动则可再次拍击。反复进行,规定时间结束后计算双方得分,分数高者为胜。

4.游戏规则

(1)中圈抢球时不得进入圈内,但允许同队队员采用"球碰球"的方法把球碰出圈给自己同伴,进入圈内抢球者应把球交给对方。

(2)不允许两次运球或带球跑,否则判对方得1分。

(3)运球队员急停后,如果追拍队员仍然触及他,则判运球队员得1分。

(4)运球队员在运球急停急起时需按动作规格要求进行,急停时还应做原地低运球;急停时间不超过3秒,否则直接给追拍队员加1分。

(三)边运边滚球

1.游戏目的

促进学生运球技术、下肢力量的发展与提高。

2.场地器材

一块篮球场,4个篮球。

3.游戏方法

把队员分为两队,每队人数相等,在同一端线后面向场内成纵队而立,两队排头各持一球。

开始游戏后,持球者一手运球,另一手推滚球前进,至中线后返回,把球交给第二位队友,然后站到队尾。依次进行,直到全队轮完,先完成的队获得胜利。

4.游戏规则

(1)左、右手均可持球,但另一手推滚球时,必须保持球在身边,球不离地,手不离球,否则运球无效。

(2)运、滚球时必须有一脚踏到中线才能返回,返回时必须有一脚踏到端线方能把球交给下一队友,否则运球无效。

5.游戏建议

(1)可设置几个标志物或障碍物进行曲线运球、滚球练习。

(2)可规定用不灵活的手运球,以促进学生双手运球能力的提高。

三、投篮游戏 ▶▶▶

(一)跑投三十分

1.游戏目的

提高学生快速投篮能力。

2.场地器材

一块篮球场,4 个篮球。

3.游戏方法

把所有队员分为四队,每队人数相等,每两队用一副篮筐,各队在规定地点站好。

开始游戏后,各队排头持球原地跳投 1 次,罚球 1 次,自投自抢,无论是否投中,都要把球传给下一队员,其他队员按同样方法依次进行游戏。跳投投中得 2 分,罚球投中得 1 分,直到有一队先投满 30 分后结束游戏。

4.游戏规则

(1)对投篮距离严格限制,跳投时起跳点必须在规定范围内。

(2)不得干扰对方。

5.游戏建议

(1)根据各队队员的实际水平,对投篮动作提出不同要求。

(2)如果参与游戏的学生太多,可多分几队进行游戏。

(二)“1+1”投篮

1.游戏目的

提高学生投篮动作的规范性，提高学生罚球或原地投篮命中率。

2.场地器材

一块篮球场，2 个篮球。

3.游戏方法

把队员分为两队，每队人数相等，各队于罚球线后成纵队站立，排头各手持一球。

开始游戏后，从排头起依次进行“1+1”投篮，即先投第一球，若投中则可投第二球；若第一球未中，则把球传给下一个人，并站到队尾。依次进行，规定时间内，累计投中数量多的一队获胜。

4.游戏规则

（1）队员必须在规定投篮点投篮。

（2）队员必须以规定方式投篮。

（3）投篮队员持球不得超过 5 秒。

（4）每名队员只有一次“1+1”机会。

5.游戏建议

（1）可根据情况规定投篮方式，也可根据情况不规定投篮方式。

（2）可进行限定时间的游戏，规定时间内投中次数多的队获胜。

（3）可进行规定投中个数的游戏，先达到规定个数的队获胜。

第五节　篮球技术教学创新思考

一、重新构建篮球技术教学原则

篮球技术教学原则准确反映了篮球技术教学规律。如果以篮球动作技能形成的基本规律、篮球运动技能教学过程中动作技术和攻守关系的认知规律、技术多样性以及现代篮球运动竞赛高强度、高速度攻防直接对抗的发展趋势为依据,可将篮球技术教学原则总结为以下几个方面。

1.注重基本功的教学原则。

2.注重基本动作规格的教学原则。

3.注重对抗中运用技术的原则。

4.注重技术组合的教学原则。

5.注重适度内部与外部负荷相结合的教学原则。

6.注重非惯用手、脚应用技术的教学原则。

7.注重非智力因素培养的教学原则。

8.注重智能开发的教学原则。

9.注重创新能力培养的教学原则。

10.注重竞争与合作的教学原则。

二、重新审视篮球技术教学内容

篮球技术教学中,需要对以下主要教学内容重新进行审视。

(一)移动技术

在现代篮球竞赛中,贴身防守现象十分普遍,依据这一现状和趋势,应在移动技术教学中将短距离急停、转身和跨步的教学重视起来。

(二)传球技术

在篮球运动中,传球要突然、隐蔽,要与其他技术紧密衔接。为了满足这一需要,应在传球技术教学中将双手头上传球、击地传球重视起来。

(三)运球技术

运用篮球运球技术一般都要实现一定的攻击意图,所以应将转身运球、胯下运球作为运球教学的重点。

(四)突破技术

现代篮球运动中,运动员的防守步法越来越灵活,且堵截力强,要直接超越对手很困难。面对这一现实,应将交叉步持球突破、同侧步持球突破作为突破技术的主要教学内容。

(五)投篮技术

现代篮球比赛中,运动员很少有机会可以从容投篮,所以应将贴身投篮、后仰投篮作为投篮技术的主要教学内容。

(六)抢篮板球技术

现代篮球运动员的运动素质普遍得到了提高,而且抢篮板球行动也越来越提前。面对这一发展趋势,应将冲抢篮板球、单手点拨作为抢篮板球技术教学的主要内容。

此外,在篮球技术理论教学中,应注重分析篮球运动技术原理,增加一些篮球运动中常见的心理问题分析与解决的教学内容。

三、改革篮球技术教学方法

（一）教学内容方面

1.在篮球技术教学内容方面，应突出技术组合练习，使简单组合练习占总课时的20%、较复杂组合练习占总课时的30%、复杂组合练习占总课时的50%。

2.理论与实践充分结合，理论课时数占总课时的30%，实践课时数占总课时的70%。

（二）教学顺序方面

1.准备部分以熟悉球性练习为主，以此发展、提高与巩固学生的基本功。

2.基本部分在适度控制内外负荷的原则下，大量安排攻防技术组合的对抗性练习。

（三）教学重点方面

在篮球技术教学中，应将技术运用能力培养、智能开发、竞争与合作能力培养、创新能力培养等作为教学重点来对待。

（四）教学形式方面

以学生基础水平和心理相容性等基础条件为依据，遵循均衡、自愿的原则对学生进行分组，并在竞争与合作的动态过程中重新对学生进行分组，有针对性地进行教学。

（五）教学方式方面

广泛运用比赛法，大量创设问题情境，在比赛过程中，促进学生智力与非智力因素的全面发展，对学生的创造力进行培养。

第七章　校园篮球教学评价的体系构建与创新研究

校园篮球教学评价是以教学目标为标准,对学生和教师的价值、优缺点进行系统测量与评定，以求不断改进的过程。篮球教学评价是篮球教学管理的一个主要手段，它直接作用于整个篮球教学活动,具有重要的意义和作用。因此,要科学构建并不断完善校园篮球教学评价体系,同时加强篮球教学评价的创新,从而促进篮球教学效果和质量的提高。本章主要对校园篮球教学评价的体系构建与创新进行研究,主要内容有校园篮球教学评价的理论体系，学生篮球专项身体素质测评,学生篮球初级、中级和高级水平测评。

第一节　校园篮球教学评价的理论体系

一、校园篮球教学评价的原则

（一）目的性原则

目的性原则指的是在篮球教学评价中要将评价目的明确下来。本质上而言，篮球教学评价是管理和调控篮球教学工作的一种手段，因此在每次评价中应以评价目的为依据选择不同的评价标准，切忌主观上随意评价。

（二）方向性原则

篮球教学评价应坚持正确的方向。评价篮球教学的各个环节时，需将相应的教学目标要求体现出来，既要对体育教师总体设计课堂教学的情况、在课堂教学中的表现、对学生创新精神与实践能力培养的情况进行评价，又要对学生的参与性、积极性、创造性等进行评价。评价中应结合体育学科和学生的体育素质等特点，将学生的个体差异性充分体现出来，同时应以国家的各项方针政策、课程计划、课程标准以及国家正式审定的教材为评价依据和参考，通过评价来全面提高学生的身心健康和教师的职业素质。

（三）整体性原则

教师、学生、场地器材以及教材选择都是构成篮球教学过程的重要因素，在篮球教学过程中，这些因素各自发挥不同的作用，形成整体功能。因此，在篮球教学评价中，既要对这些因素之间的联系和各自发挥的效应进行全面系统的分析，将各要素的指标及其权重有针对性地确定下来，又要注意考虑这些因素之间的关系是否处于最佳状态。

（四）科学性原则

篮球教学评价的科学性主要体现在可靠性、合理性和完整性等方面。评价方法、评价信息搜集和处理、评价指标体系的建立都应该体现出科学性。具体应以教育理论和正确的教育思想为指导，客观公正、全面准确地评价篮球教学过程，篮球教学设计等多方面的内容。评价工作的开展要以科学为基础，坚持科学原则，将评价的多种功能真正发挥出来，将广大体育教师的积极性与创造性充分调动起来，最终推动篮球教学质量的提高。

（五）客观性原则

在整个篮球教学过程评价中，客观性原则至关重要。该原则要求评价者客观地、实事求是地进行评价，将被评价对象的价值真实地反映出来。评价指标体系应尽可能详细、准确地将体育教学的真实情况反映出来，避免主观臆断和随意更改，客观对待每个学生，激发师生的积极性与主动性。

（六）可行性原则

在篮球教学评价中，应结合教学实际与具体条件来选择和设计篮球教学评价的内容、方法、标准等，力求简单易行，容易操作。应发挥评价的激励功能，将师生的主动性与参与性调动起来，同时采用的评价方式应被广大师生理解和采纳。

（七）自评和他评相结合的原则

提高篮球教学质量是进行篮球教学评价的根本目的，因此，应使师生掌握评价的标准、原则、方法，让师生在教学中科学进行自我评价，不断进步，从而促进教学质量的提高。

除自评外,他评也是非常重要的一种评价方式,可有针对性地评价某一教学问题,对教学中的实际问题进行科学而有效的解决。

二、校园篮球教学评价的内容 ▶▶▶

一般应根据教学大纲所规定的考核范围和方式来确定篮球教学评价内容,主要是评价篮球教学任务的完成情况,通常包括对篮球教学目标达成情况、对篮球基本理论知识掌握程度以及对篮球重点技战术掌握程度的评定。

(一)篮球教学目标评定

评定篮球教学目标主要是评定学生教学目标达成情况。主要包括评定学生在教学过程中对阶段目标的完成情况和评定学生在教学结束后对教学任务的完成情况。

(二)技战术评价

通过评定学生的篮球技战术表现,可以对其学习和掌握技战术的情况得以了解,从而为评估篮球教学情况提供参考。一般可运用技术达标和技术评定来完成技战术的评价。

(三)整体教学质量评价

在篮球教学过程中,教学质量评价是一个基本环节,它依据既定的教学目标,运用有效的评价技术和手段,测量、分析、比较教学活动的过程和结果,并判断教学活动及其效果,通过信息反馈对教学过程进行调控,保证教学活动达到预定目标,并对评价对象做出某种结论。这样的目的是为了提高教学质量和提高学生的兴趣爱好以及实践能力,促进学生健康全面发展,提高教学管理质量,顺利实施教学过程,并取得最大的效益。

篮球教学质量评价是体育教学评价中的一种形式。它以篮球学科知识为基础,以篮球课程标准和教学大纲为依据,立足评价对象的实际情况,在对教育发展规律和个人心理活动规律加以遵循的基础上,科学制定评价标准,在正确标准的引导和激励下，使评价对象朝着目标方向发展。篮球教学质量评价的意义在于将师生教与学的积极性调动起来，加强教学改革力度，促进教学效果的最优化，更好地实现教学目标。

篮球教学质量的评价内容与指标包括教学内容、教学方法、教学态度和教学效果四个方面，见表 7–1。

表 7–1 篮球教学质量评价指标体系

第一层次	第二层次	第三层次
教学质量	教学内容	完成教学大纲要求
		处理教材深度的适合性
		课程进度和学习负担的合理性
		理论联系实际
	教学方法	思路清晰，概念准确，重点突出
		示范动作形象生动，语言精练
		注意启发，促进思维，培养能力
		指导学习方法，注意改进教学
	教学态度	备课充分，讲解熟练
		辅导耐心，批改作业认真
		严格要求，教书育人
		勇于创新，不断改进
	教学效果	考试成绩
		课堂纪律
		平时作业与测试
		学生分析问题、解决问题的能力

三、校园篮球教学评价的方法

在篮球教学评价中，理论评价方法和技战术的评价方法是不同的，具体分析如下。

（一）理论知识评价

笔试和口试是篮球理论知识评价主要采用的方法，此外通过撰写专题作业的形式也可以进行理论知识评价。

1.笔试

笔试分闭卷考试和开卷考试两种。闭卷考试主要对学生掌握记忆性篮球知识的程度进行考核，适用于低年级学生。开卷考试主要对学生运用知识分析和解决问题的能力进行考核，适用于高年级学生。

2.口试

通过口试能够了解学生掌握篮球理论知识的深度和广度，以及学生解决问题及语言表达的能力进行了解。

对各年级学生都适合采用口试的方法，但具体形式可能有所不同，课堂提问的形式适合低年级，专题答辩的形式适合高年级。

3.课外作业

布置课外作业，主要是为了对学生理解理论知识的深度，以及学生在实践中运用知识的能力进行考察。课外作业有利于考核学生的综合能力。学生完成课外作业时，必须把学习的知识与篮球运动实践结合起来，同时加上自己的见解。

篮球运动理论试题题型及试题内容参考表 7–2。

表 7–2 篮球运动理论试题题型及内容

内容	题型							
	填空	鉴别	选择	概念	绘图	计算	论述	合计(%)
篮球运动概述	3	3	2	2	0	0	0	10
篮球技术	6	5	6	5	0	0	2	24
篮球战术	2	4	4	4	4	0	2	20
技战术教学	2	3	2	3	3	0	1	14
规则与裁判法	5	5	5	4	2	0	1	22
竞赛组织、编排	2	2	1	2	1	2	0	10
合计(%)	20	22	20	20	10	2	6	100

（二）技战术评价

1.定量指标测量

可以用具体度量单位衡量的指标就是定量指标。在篮球教学考核中，命中次数、跑动速度和跳起高度等都属于这类指标。

一般在选用定量指标时，要以具体的评价目的为依据，如采用速度指标测量学生的技术熟练性；采用高度指标测量学生的弹跳能力；采用准确性指标测量学生的投篮和传球技术。

在篮球教学评价中采用定量指标，必须先以一定的样本为依据，将测量方法和评价标准制定出来，使测量方法与学生的总体水平相适应。可采用统计学方法制定评分表，使分数赋值具有较好的区分度，从而将受试学生的真实水平客观地反映出来。

2.定性指标测量

无法用具体度量单位衡量但必须测量的指标就是定性指标。在篮球教学实践中，定性评价指标被大量采用，如篮球技术评定中就会用到这类指标。从篮球技能教学的特点来看，定性指标是篮球技术动作的规范程度指标，要以预先确定的技术规格为依据来赋值。测量过程中，主试教师要以学生完成技术的实际情况为依据来进行客观的打分和评价。

在篮球运动训练评价中，综合评价法和分析评价法是最常用的两种评价方法。二者结合能比较系统地分析训练过程的各个方面，最后得出的评价结果也比较全面。

在篮球教学与训练评价的具体实施过程中，现场观察与指数评价法是普遍采用的方法。通过观察、统计，获取受试学生的材料与数据，综合分析这些材料和数据，并运用指数指标进行客观评价。一般可采用积累分数法来对学生的技术水平进行评定，见表 7–3。最后的总分就是把各项最高分值累计相加后得出的分数，依据总分排出名次，从而对学生的技术水平进行评定。

表 7–3 篮球技术水平统计分析表

评分项目（各项满分 10 分）	受试学生				
	李××	王××	赵××	孙××	备注
技术全面性	8	9	5	5	
技术熟练性	8	9	6	4	
技术对抗性	8	8	4	3	
技术应变性	7	8	5	5	
总计	31	34	20	17	

在篮球教学评价中，要结合实际需要来科学选用评价方法，要对必要的评价信息进行搜集，为综合评价提供量化数据和具体例证，从而提高篮球教学质量总体评价的效果。

第二节　学生篮球专项身体素质测评

一、力量和爆发力测试与评价

（一）立定跳远

1.测试目的

对学生下肢力量和爆发力素质进行了解。

2.测试方法

受测学生双脚左右分开与肩同宽，注意不要让脚尖踩到起跳线。起跳时四肢同时向后用力，双臂摆动配合下肢，落地时上体保持向前。对起跳线到学生脚跟的距离进行测量，得出数据。

3.评分标准

立定跳远评分标准见表 7–4。

表 7–4 立定跳远评分标准

分数	男生(米)	女生(米)
100	2.65	2.06
95	2.60	2.02
90	2.55	1.98
85	2.50	1.94
80	2.45	1.90
75	2.40	1.85
70	2.35	1.80
65	2.30	1.75
60	2.25	1.70
55	2.20	1.65
50	2.16	1.60
45	2.12	1.55
40	2.08	1.50
35	2.04	1.45
30	2.00	1.40

(二)引体向上

1.测试目的

通过引体向上测试可以了解学生的上肢肌力或肌耐力。

2.测试方法

该测试以男生为主。受试学生在同学的帮助下正手握单杠,双臂伸直,做好准备。收到“开始”信号后,屈肘使身体向上提升,直到下颏高出横杠,然后慢慢还原,重复动作,直到不能继续为止。教师记录学生正确完成动作的次数。

3.评分标准

男生引体向上评分标准见表 7–5。

表 7–5　男生引体向上评分标准

分数	引体向上(次)
100	17
95	16
90	15
85	14
80	13
75	12
70	11
65	10
60	9
55	8
50	7
45	6
40	5
35	4
30	3

(三)仰卧起坐

1.测试目的

对学生的腹肌力量和耐力进行了解。

2.测试方法

该测试以女生为主。受试学生仰卧,两腿稍分开,90°屈膝,双手在脑后交叉抱头。同伴压住受试学生的两侧踝关节,受试学生仰卧时,肩胛与垫子接触,起坐时两肘关节与双膝碰触或超过肘关节，正确完成仰卧和起坐的动作计一次。教师记录受试学生 1 分钟内完成的次数。

3.评分标准

女生仰卧起坐的评分标准见表 7–6。

表 7–6　女生仰卧起坐评分标准

分数	仰卧起坐(次/分)
100	50
95	48
90	46
85	44
80	42
75	40
70	38
65	36
60	34
55	32
50	30
45	28
40	26
35	24
30	22

(四)俯卧撑

1.测试目的

对学生的上肢肌力与肌耐力进行了解。

2.测试方法

受试学生在地上俯撑,腰背挺直,注视前方,男生用脚尖触地,女生用膝盖触地,双脚并拢,小腿与软垫分离,脚踝弯曲。学生弯曲手肘到下巴与垫子接触算完成一个动作,腹部不能碰到垫子。如果中途停顿,测试结束。教师记录受试学生准确完成俯卧撑的次数。

3.评分标准

俯卧撑评分标准见表 7–7。

表 7-7 俯卧撑评分标准

分数	男生(次)	女生(次)
100	54	15
95	51	14
90	48	13
85	45	12
80	42	11
75	39	10
70	36	9
65	33	8
60	30	7
55	26	6
50	22	5
45	18	4
40	14	3
35	10	2
30	6	1

二、耐力素质测试与评价

(一)全场20米折返跑

1.测试目的

对学生的一般耐力素质加以了解。

2.测试方法

在 20 米长的场地上测试,将受试学生平均分为甲、乙、丙三组,甲组学生跑时,乙组和丙组各派 1 名学生统计受试学生 10 分钟内折返跑的次数,结束时核对成绩,上报教师。依次进行测试。

3.评分标准

全场 20 米折返跑的评分标准见表 7-8。

表 7-8　全场 20 米折返跑评分标准

分数	男生(次)	女生(次)
100	92	80
95	90	78
90	88	76
85	86	74
80	84	72
75	82	70
70	80	68
65	78	66
60	76	64
55	74	62
50	72	60
45	70	58
40	68	56
35	66	54
30	64	52

(二)2 000米(男)/1 600米(女)跑

1.测试目的

对学生的有氧耐力素质进行了解。

2.测试方法

在 400 米田径场上测试,男生跑 5 圈,女生跑 4 圈。受试学生在测试前做好准备活动,提高生理机能的适应性,避免在测试中供氧不足。

3.评分标准

2 000 米(男)/1 600 米(女)跑的评分标准见表 7-9。

表 7–9　2 000 米(男)/1 600 米(女)跑评分标准

分数	男生	女生
	2 000 米跑(分、秒)	1 600 米跑(分、秒)
100	8′00″	7′30″
95	8′15″	7′45″
90	8′30″	8′00″
85	8′45″	8′15″
80	9′00″	8′30″
75	9′15″	8′45″
70	9′30″	9′00″
65	9′45″	9′15″
60	10′00″	9′30″
55	10′15″	9′45″
50	10′30″	10′00″
45	10′30″	10′15″
40	11′00″	10′30″
35	11′15″	10′45″
30	11′30″	11′00″

(三)12分钟跑

1.测试目的

了解学生的心肺耐力。

2.测试方法

在篮球场上放若干标杆筒(图 7–1)。受试学生做好准备,收到“开始”信号后,快速跑动,途中有需要可暂停或步行。跑完一圈,教师报一次数,12 分钟后测试停止,教师记录受试学生此时所到的最近标杆筒,并计算最后一圈距离,然后算出受试学生 12 分钟跑的总长度,并记录最后的成绩。

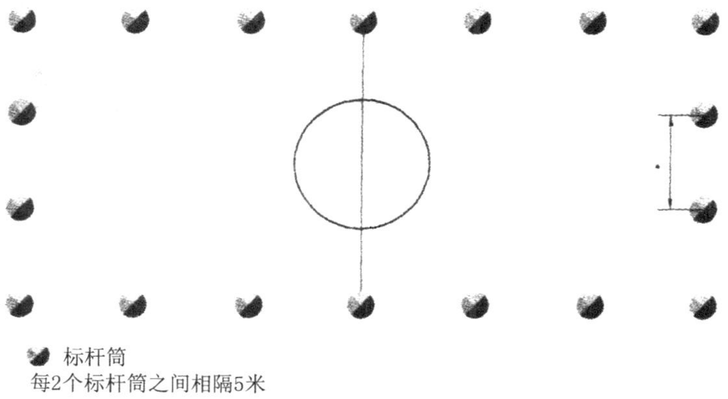

图 7-1

3.评分标准

12 分钟跑的评分标准见表 7-10。

表 7-10　12 分钟跑评分标准

分数	男生(米)	女生(米)
100	3 000	2 500
95	2 950	2 450
90	2 900	2 400
85	2 850	2 350
80	2 800	2 300
75	2 700	2 200
70	2 600	2 100
65	2 500	2 000
60	2 400	1 900
55	2 300	1 800
50	2 200	1 700
45	2 100	1 600
40	2 000	1 500
35	1 900	1 400

三、速度素质和灵敏性测试与评价

（一）1分钟原地跳绳

1.测试目的

了解学生身体协调能力和速度耐力素质。

2.测试方法

受测学生两手抓跳绳两端，起跳后绳子环绕身体一周计一次。教师对受试学生1分钟跳绳的次数进行统计。

3.评分标准

1分钟原地跳绳的评分标准见表7–11。

表7–11　1分钟原地跳绳评分标准

分数	男生（次）	女生（次）
100	200	200
95	190	190
90	180	180
85	170	170
80	160	160
75	150	150
70	140	140
65	130	130
60	120	120
55	110	110
50	100	100
45	90	90
40	80	80
35	70	70
30	60	60

（二）全场见线折返跑

1.测试目的

了解学生的启动速度、短距离加速跑能力、急停速度、灵敏性等专项素质。

2.测试方法

受测学生站在端线后，收到“开始”信号后，快速启动跑向罚球线后，转身快速跑回端线并急停转身；再快速启动跑回到中线处，转身快速跑到端线并急停转身；再启动跑到对面罚球线后，快速转身再跑回到端线并急停转身；再次从端线启动跑到对面端线并快速转身跑回端线位置。跑完 4 个来回后，教师计算并记录总时间。

3.评分标准

全场见线折返跑评分标准见表 7–12。

表 7–12　全场见线折返跑评分标准

分数	男生(秒)	女生(秒)
100	33″4	35″0
95	33″6	35″2
90	33″8	35″4
85	34″0	35″6
80	34″2	35″8
75	34″4	36″0
70	34″6	36″2
65	34″8	36″4
60	35″0	36″6
55	35″2	36″8
50	35″4	37″0
45	35″6	37″2
40	35″8	37″4
35	36″0	37″6
30	36″2	37″8

(三)5.8 米 × 6 次往返跑

1.测试目的

了解学生的启动速度和急停速度素质。

2.测试方法

受测学生站在端线后，收到“开始”信号后快速启动跑到罚球线后，返回端线，跑到端线后再折返跑。共跑3个来回，5次急停，教师对受试学生的3个往返跑总时间进行统计。

3.评分标准

5.8米×6次往返跑的评分标准见表7-13。

表7-13　5.8米×6次往返跑评分标准

分数	男(秒)	女(秒)
100	9″6	10″4
95	9″8	10″6
90	10″0	10″8
85	10″2	11″0
80	10″4	11″2
75	10″6	11″4
70	10″8	11″6
65	11″0	11″8
60	11″2	12″0
55	11″4	12″2
50	11″6	12″4
45	11″8	12″6
40	12″0	12″8
35	12″2	13″0
30	12″4	13″2

第三节 学生篮球初级水平测评

本节以篮球基本技术中初级投篮技术测评为例进行分析。

一、连续10次罚球

（一）测试方法

受试学生站在罚球线处，按篮球规则连续罚球 10 次，同学帮助递球，教师统计罚中个数。

（二）评分标准

连续 10 次罚球的评价标准见表 7-14。

表 7–14　连续 10 次罚球评分标准

分数	男生罚球罚中(个)	女生罚球罚中(个)
100	7	6
95	——	——
90	6	5
85	——	——
80	5	4
75	——	——
70	4	3
65	——	——
60	3	2
55	——	——
50	2	1
45	——	——
40	1	——
35	——	——
30	——	——

二、篮下连续投篮

(一)测试方法

受试学生在篮下任意位置连续投篮,自己捡球,教师统计受试学生 30 秒内的投中个数。

(二)评分标准

篮下连续投篮的评分标准见表 7–15。

表 7-15 篮下连续投篮评分标准

分数	男生篮下投中(个)	女生篮下投中(个)
100	15	12
95	——	——
90	14	11
85	——	——
80	13	10
75	——	——
70	12	8
65	11	7
60	10	6
55	9	4
50	8	4
45	7	3
40	6	2
35	5	1
30	4	——

三、罚球线连续投篮

(一)测试方法

受试学生站在罚球线连续投篮,投篮姿势自选,同学为受试学生递球,教师统计受试学生 1 分钟内的投中个数。

(二)评分标准

罚球线连续投篮的评分标准见表 7-16。

表 7–16　罚球线连续投篮评分标准

分数	男生罚球线投中(个)	女生罚球线投中(个)
100	16	10
90	15	——
90	14	9
85	13	——
80	12	8
75	11	——
70	10	7
65	9	6
60	8	5
55	7	4
50	6	3
45	5	2
40	4	1
35	3	——
30	2	——

第四节 学生篮球中级水平测评

一、中距离投篮

(一)测试方法

以篮圈中心投影点为圆点，以投影点到罚球线最近的距离为半径画半弧，受试学生持球站在圆弧线外。收到“开始”信号后快速跳起投篮,冲抢篮板球,然后向弧线外的任意位置运球并继续跳起投篮，反复进行。教师统计受试学生 1 分钟内投中次数。

(二)评分标准

中距离投篮的评分标准由以下两部分组成。

1.投中达标

投中达标占 70%,参考表 7–17。

表 7-17　中距离投篮投中达标标准

得分	男生投中个数	女生投中个数
70	7	6
65	——	——
60	6	5
55	——	——
50	5	4
45	——	——
40	4	3
35	3	——
30	2	2
25	1	1

2.技术评定

技术评定占 30%,参考表 7-18。

表 7-18　中距离投篮测试技评标准

级别与得分	技术表现
A 级:26~30 分	身体姿势正确,连贯完成投篮动作,动作稳定,球出手后弧线好,命中率高;抢篮板球意识很强,能快速抢篮板球;能快速选择投篮点
B 级:21~25 分	身体姿势比较正确,投篮动作连贯完成,动作较为稳定,球出手后弧线较好,命中率较高;抢篮板球意识较强,能比较快速地抢篮板球;能较快选择投篮点
C 级:16~20 分	投篮动作基本准确、连贯,出手动作基本正确;跳投速度较快;抢篮板球意识一般;能较好地选择投篮点
D 级:11~15 分	身体姿势和出手动作不够正确,身体不协调,投篮动作不连贯,命中率较低;抢篮板球意识薄弱;无法合理选择投篮点
E 级:1~10 分	身体姿势和手形不正确,身体不协调,投篮动作不连贯,命中率很低;严重缺乏抢篮板球意识;选择投篮点时比较迟缓

二、全场曲线运球传切上篮 ▶▶▶

（一）测试方法

受试学生持球站在端线后，收到“开始”信号后开始运球，教师同时开始计时。受试学生运球到中线与中圈交叉处的标志杆前，体前变向换手运球，并给位于罚球线沿线的同伴传球，同伴接球回传，受试学生立即侧身插上接球，然后行进间上篮。若未投中，继续投篮，直到投中，投中后运球回端线，继续运球投篮。（图 7–2）往返 3 个来回，投中第 6 个球后测试结束，计时停止。

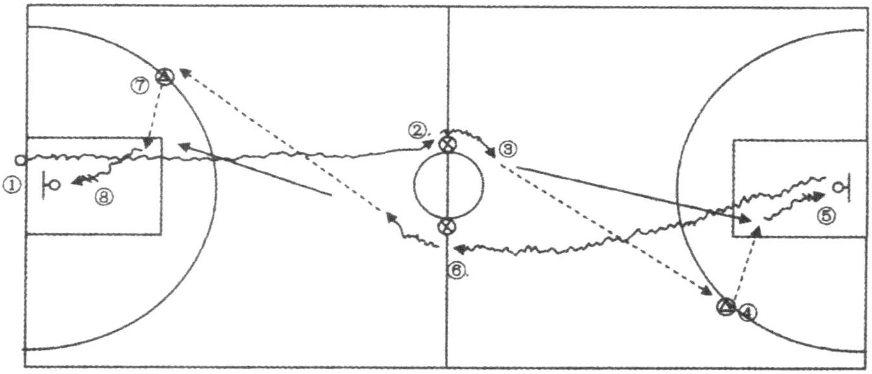

图 7–2

注：①学生持球站在端线处准备；②在中圈处变向运球；③行进间传球；④在圈内的同伴接球后回传；⑤学生接回传球行进间上篮；⑥将球运到中线，变向运球后，行进间传球；⑦同伴接球后回传；⑧行进间上篮；△代表同伴；虚线箭头代表传球路线；实线箭头代表学生行进路线。

（二）评分标准

全场曲线运球传切上篮测试的评分包括以下两部分。

1.时间达标

时间达标占 70%，参考表 7–19。

表 7–19　全场曲线运球传切上篮时间达标评分标准

分数	男生(秒)	女生(秒)
70	40	60
65	43	63
60	46	66
55	49	69
50	52	72
45	55	76
40	58	80
35	62	84
30	66	88
25	70	92
20	74	93

2.技术评定

技术评定占 30%,参考表 7–20。

表 7–20　全场曲线运球传切上篮技评标准

级别与得分	技术表现
A 级:26~30 分	熟练完成运球动作,移动快,控球强; 连贯完成行进间传接球动作,传球到位; 准确完成行进间上篮动作,命中率很高
B 级:21~25 分	运球动作比较熟练,移动较快,控制较强; 行进间传接球比较连贯,传球到位; 正确且比较协调地完成行进间上篮,上篮命中率较高
C 级:16~20 分	基本熟练完成运球动作,移动速度和控球能力一般; 基本正确地完成行进间传接球动作,传球基本到位; 基本准确地完成行进间上篮动作,命中率一般
D 级:11~15 分	运球动作不熟练,移动速度较慢,控球能力较差; 不能协调完成行进间传接球; 行进间上篮动作不连贯,投篮命中率较低
E 级:1~10 分	运球动作不协调,移动速度慢,控球能力差; 多次出现带球走或两次运球等违例现象; 无法完成行进间传球和行进间上篮动作,传球不到位

第五节　学生篮球高级水平测评

一、强度投篮

（一）测试方法

以篮圈中心投影点为圆点，画半径为5米的弧线，受试学生持球站在圆弧线外。听到“开始”信号后迅速跳起投篮，此时教师开始计时。受试学生投篮后冲抢篮板球，若球未进，不能继续投，运球到弧线外任意位置跳起投篮，如此反复，2分钟后停止测试。教师统计受试学生投进的总个数。

（二）评分标准

强度投篮评分包括以下两个部分。

1.投中达标

投中达标占70%，见表7-21。

表 7-21　强度投篮投中达标标准

分数	男生投中个数	女生投中个数
70	13	11
65	12	10
60	11	9
55	10	8
50	9	7
45	8	6
40	7	5
35	6	4
30	5	3
25	4	2
20	3	1

2.技术评定

技术评定占 30%，见表 7-22。

表 7-22　强度投篮技评标准

级别与得分	技术表现
A 级：26~30 分	跳投动作协调，出手动作准确； 抢篮板球意识强，在空中抢到篮板球次数超过 5 次； 运球果断，能迅速选好下一个投篮点，命中率高
B 级：21~25 分	跳起投篮动作协调，出手动作正确； 抢篮板球意识较强，在空中抢到篮板球的次数有 3~4 次； 抢球后运球迅速，能合理选择下一个投篮点，投篮命中率较高
C 级：16~20 分	跳投动作比较协调，出手动作较为准确； 抢篮板球意识一般，在空中抢到篮板球的次数有 1~2 次； 抢球后运球速度较快，能较合理地选择下一个投篮点，投篮命中率一般
D 级：11~15 分	跳起投篮时身体不协调，跳投动作不准确或无法完成跳投； 抢篮板球意识薄弱； 选择自己习惯的投篮点，投篮命中率较低
E 级：1~10 分	无法跳投，原地投篮动作不协调，不连贯； 抢篮板球意识薄弱； 只在自己习惯的投篮点投篮，命中率很低

二、高级水平综合技术

（一）测试方法

受试学生站在本方罚球线一端，同伴持球站在限制区对角端线外准备。受试学生收到“开始”信号后，试图摆脱对手并插上接球；向对方球篮运球，在中线标志杆处背后运球突破；单手给站在对方罚球线上策应的同伴传球；然后跑到5米线外策应跳起投篮；如未中，在任意点继续投篮，直到投中；然后运球返回，途中在3分线前遇到防守时转身突破，在与中线相距3米时行进间给同伴长传球，接着快速插上，接同伴的回传球并行进间上篮；若未中，继续投篮，直到投中。然后向对方球篮运球，重复进行（图7–3）。男生3个来回，投6个球；女生2个来回，投4个球，教师负责计时。

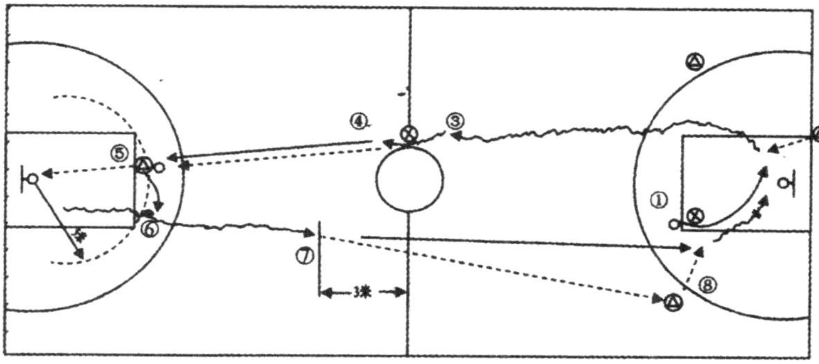

图 7–3

注：①学生起始位置；②学生接球并运球；③学生背后运球突破；④行进间单手传球；⑤跳起投篮；⑥转身突破；⑦行进间传球；⑧接球行进间上篮；△代表同伴；虚线箭头代表传球路线；实线箭头代表学生行进路线。

（二）评分标准

篮球高级水平综合技术的评定包括以下两个部分。

1.时间达标

时间达标占70%，参考表7–23。

表 7-23　高级水平综合技术测试时间达标标准

分数	男生(秒)	女生(秒)
70	55	75
65	59	79
60	63	83
55	67	87
50	71	91
45	75	96
40	80	102
35	85	107
30	90	112
25	95	117
20	100	122

2.技术评定

技术评定占 30%,参考表 7-24。

表 7-24 高级水平综合技术技评标准

级别与得分	综合技术表现
A 级:26~30 分	接应要球时跑出弧线,运球动作熟练,过标志杆时背后运球动作准确; 单手传球动作准确、熟练; 急停跳投动作完成质量高; 抢篮板球意识强烈,能及时补篮; 运球转身动作准确、熟练; 行进间传球动作连贯,传球到位; 行进间左右手运球动作熟练,命中率高
B 级:21~25 分	接应要球时有跑弧线的动作,运球动作比较熟练,背后运球突破动作基本准确; 单手传球动作比较准确; 急停跳投动作的完成质量较高; 抢篮板球意识较强,补篮比较积极; 运球转身动作比较准确; 行进间传球动作连贯,传球比较到位; 行进间左右运球上篮基本能完成,命中率较高

级别与得分	综合技术表现
C 级:16~20 分	接应要球时不会跑弧线,运球动作基本熟练,背后运球动作不熟练; 单手传球不到位,超过 2 次; 急停跳投动作的完成质量一般; 抢篮板球意识一般,补篮不及时; 运球转身动作不熟练; 行进间传球动作不连贯,传球不到位; 行进间左右手运球上篮动作不熟练,投篮命中率比较低
D 级:11~15 分	不太了解跑弧线接应要球的意义,运球动作不熟练,背后运球动作不太能完成; 单手传球不到位,超过 3 次; 急停跳投动作每次都做不好; 抢篮板球意识较弱,补篮不及时; 不会运球转身; 行进间传球动作不准确; 无法用弱侧手完成行进间运球上篮动作,且上篮命中率低
E 级:1~10 分	综合技术中涉及的具体技术大部分都不会做

第八章　高校篮球运动教学体系的优化研究

篮球教学课程是高校进行篮球教学的具体形式，篮球教学课程的科学组织与实施是获得良好教学效果的重要保证。篮球教学课程组织与实施包括很多内容，在具体实践过程中应该对这些内容的主次关系进行科学把握与合理控制。本章主要对高校篮球教学任务与目标的确定、篮球教学的步骤与方法、篮球教学内容与运动负荷的安排、篮球教学文件的制订、篮球教学课的组织与实施等问题进行阐述。

第一节　高校篮球教学任务与目标的确定

一、制订篮球教学任务与目标的依据

高校篮球教学的开展需要有相应的教学任务与目标，而教学任务与目标制订的依据主要包括以下几个方面。

（一）以学生的成长发育规律为依据

人体生长发育规律对篮球教学的影响非常重要，学生的生长发育有几个敏感期，这些敏感期对其篮球素质的培养有着非常重要的作用，抓住这几个敏感期进行篮球教学能够达到事半功倍的效果。调查研究发现，按照我国国民的个体发育规律，各项素质发展的最高峰集中在学生时期，尤其是大学时期，而篮球教学可以充分满足学生的身心发展需求。因此，在篮球教学过程中应该制订更加系统、合理、科学的篮球教学计划，此阶段的教学最有可能让学生受益终身，这也是篮球教学的根本目标。

（二）以学生参与篮球运动的兴趣与能力为依据

篮球运动教学要想获得良好的教学效果，就必须要吸引学生的关注，提高学生参与篮球运动的兴趣与积极性。要想提高学生的学习兴趣，就应该根据学生的生理、心理和智力特点，将篮球运动的趣味性、目的性、对抗性相结合，使学生逐渐掌握篮球运动知识,从而获得参与篮球运动的基本能力。同时,教师还应该注重培养学生对篮球运动的兴趣,提高其欣赏和参与篮球运动的能力。

(三)以促进学生综合素质的全面发展为依据。

篮球运动教学不仅能够提高学生的运动技能，还能够全面发展学生的综合素质,具体表现在以下几个方面。

1.在德育方面,篮球运动要求学生克服内在与外在的双重障碍,培养其坚定的意志品质与顽强的毅力,无论遇到怎样的困难都要遵循道德规范和准则,努力实现自己的目标。

2.在智育方面,篮球运动要求学生具有良好的判断、分析、思维、想象能力,让学生的智力得到很好开发。

3.在美育方面,篮球运动无时无刻不在培养学生对于美的感受能力、鉴赏能力、表现能力以及创造能力,所以在制订篮球教学任务时应该考虑选择合理的教学内容,使学生得到更好的发展。

二、制订篮球教学任务与目标的程序 ▶▶▶

一般情况下,制订篮球教学任务与目标的程序具体如下。

(一)了解教学对象

学生的学习需要是指学生的学习成绩、学习态度等现状与篮球教学任务之间存在的差距。分析与了解学生在体能、运动技能、篮球知识等方面已经具备的能力与条件，在对学生的学习需要与能力条件进行认真分析和进一步了解的基础上,制订出合理的篮球教学任务与目标。

(二)分析教学内容

在制订篮球运动教学的任务与目标时，要对篮球教学内容的特点与功能进行认真的分析，这是由于具体的篮球教学任务与目标的设定总是与具体的教学内容紧密相连,没有无目标、无任务的篮球教学内容,也没有无教学内容的篮球教学任务与目标。

（三）编制教学任务与目标

指导篮球教学活动设计、实施和评价的基本依据是篮球教学的任务与目标。篮球教学的任务与目标对篮球教学活动具有指引、导向、操作、调控与测评的作用。

三、现代篮球教学的具体任务与目标

（一）增强学生的身体素质

高校学生经历了紧张的高中阶段学习，部分学生缺乏身体锻炼。到大学后，急需参与体育锻炼。但是，良好的身体素质是个体从事体育运动的基础。篮球运动要求学生应该具备较多的运动技能，如跑、跳、投。因此，通过篮球运动的教学，不仅能够提高学生的身体素质，还能使学生的心理素质得到很好的发展。学生要想很好地学习和掌握篮球技术和战术，增强自身的运动能力，就必须打好身体素质这一基础。

（二）提高学生的篮球知识与技能

现代篮球教学主要包括篮球理论、篮球技术与篮球战术三方面的内容。因此，通过篮球教学可以使学生很好地掌握篮球基础知识以及篮球技术和战术知识，从而提高运动技能。其中，篮球理论知识是掌握技术和战术的依据，而篮球技术则是篮球战术的基础。篮球教学三个方面相互作用、相互统一，它们是一个不可分割的整体，在教学过程中应该得到重视。

（三）培养学生的创新意识与创造能力

培养学生的创新意识与创造能力是篮球教学过程中非常重要的一项教学任务。篮球运动是一项创造性运动，在运用篮球的技战术时，学生的运动能力具有明显的复杂性、多变性以及灵活性。因此，篮球教学必须具有促进学生创新能力提高的作用。

（四）促进学生的集体精神与良好意志品质的形成

作为一项集体型的对抗运动项目，篮球运动的参与者需要具备良好的意志品质与集体精神。一方面，通过篮球教学与竞赛能够较好地培养学生坚强的意志品质，使学生形成自己的世界观、人生观以及价值观；另一方面，篮球教学过程是一个能够较好地完成人才培养目标的教育过程。因此，在篮球教学过程中，应该重视对学生集体主义精神与勇敢拼搏的良好意志品质的培养。

第二节 高校篮球教学的步骤与方法

一、高校篮球教学的步骤

教学步骤是教师为了完成既定的教学任务所采取的相应策略，下面主要从技术教学步骤与战术教学步骤两方面进行分析。

（一）篮球技术教学步骤

1.掌握技术动作方法,形成正确的动力定型与初步的对抗意识

篮球技能的形成首先应该从篮球基本技术动作的掌握开始，通过各种直观手段让学生感知正确的技术动作方法，逐渐在其头脑中建立初步的动作表象,之后进行体会与模仿练习,使动作表象得到加深。同时,教师通过讲解与分析使学生了解技术的方法、要领和运用时机,从而使知识与动作表象之间产生直接的联系,即“知识—表象”的建立。学生在“知识—表象”的定向作用下不断体会练习,就能够逐渐建立初步的动作概念,形成初步的动力定型。

在教学初期向学生灌输技术动作运用的对抗性，为练习操作赋予实战意义,不仅可以有效提高学生练习的兴趣,同时还能让学生在头脑中建立初步的对抗意识。

2.学会组合技术,提高初步运用能力

由于篮球技术是一种开放性的运动技能，这就决定了篮球技术的组合性

与对抗性,因此,篮球运动教学应该使学生掌握组合技术。

组合技术学习是掌握篮球技能的必要步骤。组合技术就是根据实战中技术运用的组合规律。提炼出的结合性练习单元。组合技术可分为先后组合、同时组合和附加组合,如运投组合、运传组合、接投组合和投突组合等。通过组合技术练习让技术动作之间得到合理衔接,体会技术运用的速度、节奏以及攻防的意义,并学会初步运用。由于组合技术不断变换,因此使练习的意义更加深刻。这种练习能够有效强化学生的对抗概念,进而为下一步实战对抗练习打下坚实的基础。

3.在攻防对抗中提高技术的运用能力

所有篮球技术的练习都是为了在实战中得到有效运用，因此篮球对抗练习就成为篮球教学中非常重要的一个环节。

对抗练习是学生在掌握单个技术动作与组合技术的基础上，在攻守对抗的条件下,根据对手的阻挠与制约所采取的相应对策。在教学实践中,应该采取多种有效的形式进行攻防对抗练习,但无论采用哪种形式,都应该将技术的合理运用和实战对抗意识有机结合,不但要提高技术的运用水平,同时还应该培养学生的顽强作风和意志品质。

(二)篮球战术教学步骤

1.建立战术概念,掌握战术方法

篮球战术教学首先应该让学生建立起对篮球战术概念的认知，了解战术的配合方法,逐渐形成相应的战术意识。教师可以采用直观演示手段,并结合语言讲解使学生明确战术的名称、阵势、配合位置、移动路线、配合时机等,重点的配合环节应该进行重复演示,使其加深对所学战术的理解。

2.培养攻守转化与战术综合运用能力

在学习了基础战术与全队战术以后，应该结合实战进行攻守转换以及各种战术组合的练习，这样能够有效培养学生的攻守转换意识与灵活运用战术的能力。

现代篮球教学非常强调攻守转换意识,它是快速进攻与防御的前提条件。攻守转换意识的培养应该在日常教学训练中认真贯彻，使学生养成自觉的意识,在比赛中自觉地加快攻守转换速度,从而获得场上的主动权。

另外，战术的运用应该根据比赛中双方的实际情况采用不同的战术组合，积极发挥自身的特长与优势，从而有效把握比赛的主动权。

3.提高在比赛中应用战术的应变能力

实战比赛是进行战术练习的最终目的。在比赛之前，教师应该向学生提出比赛的具体战术要求，比赛过程中要对战术运用情况进行科学的指导，比赛结束后应该对成功的配合打法进行总结，找出不足之处并不断改进。

二、高校篮球教学的方法

（一）基本教学方法

在篮球教学实践中，教师所采用的教学方法多种多样，下面就对几种常用的篮球教学方法进行分析。

1.讲解法

讲解法属于语言法，篮球教学中常用的讲解法包括自陈法、侧重法、概要法、提问法、分段法、联系法和对比法。

在篮球教学中，教师运用讲解法就是用生动、形象、精练的语言对篮球的技术动作和技战术配合进行讲解，使学生对篮球技战术有一个基本了解，并在实践过程中逐渐形成篮球技战术的概念。在运用讲解法的过程中，应该突出重点、层次清晰，尽可能做到通俗易懂。在篮球教学中，教师可采用教学口诀来使语言更加精练，如在进行接球教学时，可运用口诀“伸臂去迎球，手形如漏斗，指腕肘后收，握球肩放松”。在篮球教学中，教师讲解清晰、准确，有助于学生对篮球技术动作和动作过程留下深刻的印象，并通过结合运动表象有效缩短学生技术动作形成的时间。

2.示范法

示范法就是指教师在篮球教学中以自身动作作为篮球技术动作教学的范例，对学生的训练进行指导的方法。

示范法能够让学生对所学动作的结构、形象、技术要领与完成方法有直观了解，从而有助于学生建立正确的动作表象。在篮球技术教学过程中，教师向学生展示正确、优美、轻快的动作，能够进一步调动学生学习的兴趣。另外，通过在教学实践中将示范法与讲解法相结合，能够使学生对篮球技术动作的结构和特点有清晰的认识和理解，从而建立完整的动作概念。

3.表象训练法

表象训练法又称“意念训练法”或“念动训练法”，是指教师通过用语词来唤起学生的表象，并借助表象来练习篮球技术动作的方法。

运动视觉表象与运动动作表象是运动表象的两种类型。其中，运动视觉表象主要是对客体的运动视觉形象进行反映，运动动作表象是对学生自身的动作形象进行反映。根据头脑中所形成的动作表象，学生在练习和比赛过程中将所学习过的动作一一表现出来。如果学生不能唤起已经学过的动作表象，要再做好该动作是非常困难的。因此，在动作示范做完以后，教师可以根据具体情况，首先要求学生想象示范的动作，然后再进行模仿练习，之后在新动作示范完后，在学习动作的开始阶段都要想象 2~3 秒钟，使学生形成正确、清晰的运动表象以及再造想象，从而巩固、熟练动作，实现篮球技术动作的有效练习。

4.游戏教学法

游戏教学法是一种在篮球教学中采用游戏的方式使学生学习和掌握篮球技术、技能和知识的教学方法。游戏教学法能够使篮球项目的特征得到充分反映，篮球技战术的运用及能力培养得到加强。在游戏的过程中，学生可以学习和体会篮球技术、技能，从而使学生的学习兴趣和学习效果得到很大程度的提升。

游戏教学法应该按照从易到难的游戏主线安排内容，而不是像传统教学法那样以单个技术为主线安排内容。游戏教学法中的每一个游戏都完全取消了枯燥的单个技术动作练习，而是安排基本的篮球技术、战术练习，并在游戏过程中通过启发和诱导来引导学生主动钻研技术动作和战术配合。在此基础上，教师再对学生进行辅导，从而使学生的篮球比赛水平逐渐得到提高。

（二）新教学方法

如今，很多新的教学方法在篮球教学的实践当中得到了广泛应用，下面就对两种新式教学方法进行阐述。

1.异步教学法

黎世法教授于 20 世纪 80 年代初期创立了异步教学法，经过 30 多年的发展，在我国形成了有着浓厚中国特色的异步教育学派。

在多年调查实验研究的基础上，黎世法教授对教师在教学过程中的指导规律进行了总结，在他看来，“提出问题、指示方法、明了学情、研讨学习、强化小结”是教师进行科学指导的五个环节，也就是说，在课堂教学中要将教师科学指导的这五个环节与学生的“自学、启发、复习、作业、改错、小结”六步学习进行有机的结合与统一，从而构建出六步教学的结构，即“提出问题、指示方法、学生学习、明了学情、研讨学习、强化小结”。后来，黎世法教授对教学最优化理论的本质进行了深入探索，提出了异步教学理论。在1989年以后，异步教学理论逐渐发展为异步教育学。

由上可知，异步教学法是学生在教师指导下自主学习的现代教育模式，它是一种体现学生学习过程的教学方法。异步教学法能够有效提高学生的技能目标、认知目标以及情感目标。

异步教学法的优点主要包括：增进教师与学生、学生与学生之间的沟通与交流；使学生的主体作用得到充分发挥；便于教师掌控学生的学习情况。异步教学法也有不足之处，如通过教学分组可能会使一些学生因被分在较差的组而产生自卑心理。

2.多元反馈教学法

多元反馈方法更加侧重强调教师与学生之间在学习过程中的融洽与合作关系，主要包括教学过程中学生系统的知识学习，注重知识的运用以及自身能力的发展。该教学方法突出了师生之间、学生与学生之间进行信息交流与反馈的及时性。通过对学生的积极性、主动性以及创造性的激发与调动，进而促使单向的教学信息传递转变为多向的教学信息传递，从而使得课堂教学质量不断得到提高，同时对课堂教学的效果也进行了更好的优化。

控制论、系统论、信息论是多元反馈教学法的理论基础。同时，这种教学法又结合了现代教学论与心理学的知识，使学生从单一的模仿记忆转变为探索记忆的新教学模式。教师要在教学过程中根据学生反馈的信息来进行及时、恰当的调整，从而更好地对信息进行有效控制，在信息转变的过程中，要遵循以教师为辅、学生为主，形成以教师为主导、以学生为主体的教学模式，使教师与学生之间、学生与学生之间、学生与教材、媒体之间形成多元化的信息反馈，使教学始终处于动态的平衡之中。在对教学效果进行合理优化的同时，还要转变单一地掌握基本知识、技术与技能的传统教学观念。这样既能提高课堂教学的质量,同时又能促进学生综合素质的提高。

多元反馈教学法在篮球教学中的作用主要包括:促进师生交流,提高学生学习效果;科学评价篮球教学效果;及时进行篮球动作技能反馈指导。

在篮球教学实践中应用多元反馈教学法时应该注意: 对信息进行及时调控;选择多样化的反馈手段;提高教师素养;对教学过程中的问题进行针对性评价。

第三节 高校篮球教学内容与运动负荷的安排

一、高校篮球的教学内容

通过篮球运动教学，能够使学生的技战术理论水平以及基本技能得到提升。篮球教学内容的选择主要以教学对象的层次与教学目标为依据，主要包括以下三个方面。

（一）篮球理论知识

篮球理论知识的教学对于学生学习篮球技能与进行篮球活动实践具有非常重要的指导作用。当前，我国篮球运动的发展已经形成了较为完善的理论与知识体系，其具体内容主要包括篮球技战术分析，篮球教学训练理论，篮球竞赛的组织，篮球竞赛的规则，篮球竞赛的裁判法等，这些都是篮球运动教学最基本的内容。

（二）篮球技术动作

技术动作是篮球运动技能中最基础的内容，技术规格、动作方法要领以及技术的运用都是篮球技术动作的主要内容。在进行篮球技术动作教学时，教师应该注意示范动作的规范性。

（三）篮球战术配合

战术配合是篮球教学的重要内容，这主要是由于特定的战术布阵是篮球运动集体对抗的主要形式，在篮球运动竞赛中，战术阵势和战术配合非常关键。

两三人的基础配合与全队配合是篮球战术配合教学的主要内容。在篮球教学实践中，一方面，教师应该通过合理有效的教学方法，使学生对人与球移动的路线、攻击点、运用时机及其变化等内容有正确的了解与认识；另一方面，教师还应该注意学生的战术配合与协作意识，使学生在篮球比赛实践中能灵活运用战术配合。

二、高校篮球的运动负荷安排 ▶▶▶

运动负荷指的是运动者在受到一定的外部刺激时，机体在生理和心理方面所表现出来的应答反应程度。一般来说，单纯的外部刺激很难全面、有效、完整地反映运动负荷的内涵。要想全面地掌握和理解运动负荷的内涵，就必须将外部刺激与该刺激作用下机体内部应答反应的程度结合起来进行综合考虑。

（一）负荷量

负荷量指的是运动者持续身体活动的时间与练习次数，以及机体在承受外部刺激总量时所表现出来的内部负荷程度。

在篮球运动教学过程中，一定要保证达到篮球运动所必需的负荷量，只有这样才能获得更好的教学效果。运动的负荷量主要包括运动量、比赛量、心理刺激量、内部生理—心理量（多次测得生理—心理指标的总量，如反应时间、注意力等）。

对运动负荷量的安排无任何捷径可走，必须完成足够的运动量。科学而有效地增加运动量是篮球运动教学需要重视问题，运动量的增加对良好教学效果的取得具有非常关键的作用。

需要注意的是，运动量的增加不应仅仅依靠增加运动负荷量来完成，还可通过增加运动次数来实现。如果一次运动的运动量过大，往往会导致运动疲劳的产生,从而降低运动训练的效果,严重时还会造成运动损伤。

(二)运动负荷的最佳阈值

关于测定运动负荷的最佳阈值,日本神户女子大学补园一仁教授将心率作为衡量运动负荷的一种方法,他认为当练习者的平均心率达到自己最高心率的60%~80%时这一区域为健身指示区,此时心率越高对身体的影响越大,运动效果越明显;若高于80%为强化训练区,这表明运动强度越大,身体活动越剧烈;低于60%为消遣区,只能起到一般性活动的作用。

另外,根据生理学家的实验证明,一般人在进行体育运动时主要是以有氧代谢为主,中等强度为宜,最佳运动效果的心率应保持在120~140次/分钟,占每次运动时间的2/3左右为最佳。据相关研究证明,若心率在110次/分钟以下,机体的血压、血液成分、尿蛋白、心电图都没有明显变化,所以效果不明显;如果心率为130次/分钟,每搏输出量达到一般人的最佳状态,运动效果十分明显;心率为150次/分钟,每搏输出量开始缓慢下降;心率增加到160~170次/分钟,虽然没有不良反应,但不能呈现出更好的运动效果。因此,生理学家将110~150次/分钟的心率区间确定为运动负荷有效的价值阈,将心率为120~140次/分钟的心率区间,确定为运动负荷的最佳价值阈。

(三)运动负荷的评定

1.自我评价

自我评价是运动者采用的一种自我检查方法,它是运动者依据自身的健康状况以及运动后的身体反应做好记录,并据此安排运动负荷量的方法。一般来讲,自我评价主要包括以下几个方面的内容。

(1)主观感觉。主观感觉是运动者对运动负荷进行评价的最直接依据。学生在参加完篮球运动后稍有疲劳感,肌肉略有酸痛感,经过休息后精神饱满、体力充沛、心情舒畅、渴望参加运动,为运动负荷适宜。如果经过一夜休息,仍然感到疲劳、精神不振,出现困倦、头晕、局部关节肌肉酸痛、胸闷,害怕运动甚至出现厌烦等不良反应,说明运动负荷过大或内容安排不合理,因此需要及时调整篮球运动的负荷量或运动强度。

(2)情绪状况。情绪是人对客观事物是否符合人的需要而产生的一种体验，同时也是衡量人体承担负荷能力的一种主观指标。学生如果在参加篮球运动后，出现精神饱满、情绪乐观等状况，这表明其身体所承受的运动负荷比较适宜，健康状况良好。反之，如果在运动后出现情绪低落、精神不振、焦躁不安、不愿说话，甚至厌倦运动等不良状况，说明运动负荷不合理，此时学生应及时、合理地调整篮球运动负荷。

（3）食欲。食欲也是评定运动负荷是否合理的重要检测指标，如果不及时调整就会影响运动者的身体健康。通过对参加篮球运动的学生食欲变化的调查及原因分析，对其运动负荷进行客观的评定，在评定过程中，应考虑到食欲受多方面因素的影响，如身体上的某些病变和心理状况的改变，也会影响食欲。客观分析运动对食欲的影响，有助于合理调整学生篮球运动负荷。

（4）排汗量。排汗量也是监测运动者的运动负荷是否适宜的一项重要指标。在进行篮球运动过程中，学生的新陈代谢会加快，其排汗量也会相应增加。如篮球运动负荷适中，人体会适量排汗，而且身体感觉良好，人体在轻微运动时，出汗较少或基本不出汗。但是这种运动负荷对运动者起不到良好的保健功效。如果篮球运动负荷过大，身体过于疲劳，运动者就会出现排汗量增多，甚至出虚汗，夜间盗汗等情况。

（5）睡眠。睡眠的质量会对人的健康状况产生重要影响，也是运动负荷是否适宜的一种反映。通常来说，如果学生参加篮球运动的负荷适宜，睡眠质量良好，睡得深沉，较少做梦，觉醒后感到精力充沛，就表明处于良好的运动和应激状态。如果出现失眠、易醒、多梦或嗜睡，觉醒后仍感到精力不支等不良现象，则说明运动负荷过大。因此，需要及时调整篮球运动负荷。

2.客观评价

客观评价是指运动者采用量化指标对运动负荷进行的一种评价。客观评价可以通过运动负荷的强度指数来确定运动负荷强度的大小（表 6–1）。

表 8–1　运动负荷强度的评定

运动负荷强度	大强度	较大强度	中强度	小强度	较小强度
指数	2 以上	1.8~2	1.0~1.8	1.2~1.5	1.2 以下

$$运动强度指数 = \frac{运动时的平均脉搏(次/分钟)}{安静时脉搏(次/分钟)}$$

此外,篮球教师还应该及时掌握学生运动后的恢复情况。运动会对人体功能产生一系列影响,但即使是大运动负荷也应在 2~3 天内恢复。学生在早晨起床后的基础状态下进行脉搏、血压的检查，是检查身体是否恢复的最简便方法。如果运动负荷适宜,晨脉变化不超出正常的 3~4 次/分钟,血压变化范围应在 10 毫米汞柱以内;如果在运动后的几日内脉搏、血压持续上升,则说明运动负荷偏大,可能会出现疲劳过度的情况。

3.每次运动时间

在篮球运动教学过程中,学生可以根据自己的运动目的与实际情况,合理安排每次运动的时间，只要根据自我评价与客观评价的内容对自己的运动负荷进行衡量,且身体无不良反应即可。

第四节　高校篮球教学文件的制订

篮球教学文件指的是篮球教学工作的各种计划，主要包括教学大纲、教学进度以及课时计划（教案）。制订并执行科学的教学文件是全面完成教学任务的重要前提，同时也是顺利进行教学工作的根本保证。

一、教学大纲

教学大纲是体育教师进行篮球教学的指导性文件，它是根据教学计划中所规定的培养目标、教学目的任务和基本要求以及对各门课规定的总时数，以纲要的形式列出课程的教学内容、顺序、分量、形式与主要措施。教学大纲一般是由国家统一制订颁发的，有时也可由学校制订。

（一）教学大纲的结构

一般情况下，教学大纲主要由三部分内容组成。

1.说明

在说明中，简要阐明本大纲的使用范围和对象、制订大纲的指导思想和原则、使用时的注意事项。

2.正文

在正文中应该阐明本门课程的教学目的任务，教材编选的原则，组织教学的形式、方法与要求，教学内容的细目提要、基本要求、时数分配与各部分的比重、完成教学任务的主要措施、考核内容与方法等。

3.参考文献目录

参考文献目录应该列出主要作者、名称、出版刊物名称与机构、出版时间、页码等。

（二）制订教学大纲的基本要求

具体来讲，制订教学大纲应该符合以下几方面的要求。

1.从实际出发，落实教学计划所规定的培养目标与要求，并提出明确的教学目的和任务。

2.根据篮球运动的特点确定本课程的任务、时数以及教材内容，突出基本理论、基本技术与基本技能的教学训练与培养。

3.注意教学内容的科学性、系统性与先进性。

4.科学分配教学时数，保证理论与实践的合理比例。

5.考核内容应该以基本理论、基本技术与基本技能为重点，考核方法要全面、客观地反映学生的理论、技术与技能水平，评分办法要做到科学合理。

二、教学进度 ▶▶▶

教学进度就是根据教学大纲的任务、内容与时数分配，具体落实每次课教学内容的安排。教学进度的合理安排对于良好教学效果的取得与任务的高质量完成具有非常重要的意义。

（一）安排教学进度的基本要求

一般来讲，安排教学进度的基本要求主要包括以下几个方面。

1.全面安排，突出重点。根据篮球运动发展规律和培养目标的要求，为了让学生对篮球运动有一个系统、完整的概念，应该全方位安排大纲所规定的教材内容。同时在时数分配、出现次数上应该从培养目标的实际需要出发，突出重点，注重基本理论、基本技术以及基本技能的教学与培养。

2.制订进度时，不仅要考虑各类技术、战术之间的相互联系，还应该考虑到各类攻守技术、战术之间的关系。篮球技术、战术的运用表现出很强的综合性，在学习和掌握单个篮球技术动作之后，还应该将它们组合起来，进行综合练习。在学习攻守技术、战术时，应该将其有机结合，在对抗条件下掌握技术与战术，提高技术、战术的运用能力与应变能力。

3.理论课、实践课要科学安排。要根据不同阶段的任务与要求合理安排理论课、教法课、实践课，将传授知识、掌握技术与能力培养有机结合。

4.每次课的教材分量要适当，一般以一两个新内容、一个复习内容为宜。

5.安排进度时，应该考虑每次课的运动负荷量，尽可能做到大、中、小结合。

6.安排进度时，应该做到课内外结合、校内外结合。

（二）教学进度的格式

1.符号式教学进度

安排教学进度时，应该把各类教材按顺序列入教学内容栏内。按每个教材出现的顺序与次数用符号填入各次课的方框中，教师根据各类教材安排的先后顺序、数量以及重复次数编写每次课的教案。

2.名称式教学进度

安排进度时，应该按照课的编号顺序，将每次课的课题名称填入表中教学内容一栏，在组织教法一栏填写重点内容的组织教法，备注栏内填写课的类型与其他事项。教师按表格（表 8-2）中每次课的内容、教法建议编写教案。

表 8-2　名称式教学进度表

课次	教学内容	组织教法	备注
1			
2			
…			

三、教案 ▶▶▶

教案就是课时计划，它是教师根据教学进度和教学内容编制而成的。教案不仅是教师上课的重要依据,对积累资料、总结经验、提高对教学规律的认识也具有非常重要的意义。

(一)编写教案的要点

1.钻研教学大纲

教学大纲是根据教学计划,以纲要形式编制有关教学内容的指导性文件。学习钻研教学大纲对于教师有很大的帮助,具体表现为以下两点。

(1)使教师从总体上了解本学科的教学目的、任务,从而正确地把握备课方向,体现总目标。

(2)有助于教师从总体结构出发掌握本学科的知识体系,了解各部分的内在联系,从而进行全面安排。

2.详细研究教材

教材是对教学大纲的具体化,它不仅是学生学习的重要内容,也是教师教学的主要依据。教师必须对教材进行认真全面的研究。钻研教材包括通览与精读两种情况:通览教材一般是在教师接受教学任务后将教科书浏览一遍,了解其结构,熟悉其内容,领会教材的编写意图;精读教材就是在授课之前对教材进行认真的阅读与钻研。

3.确定教学目标

教学目标是预期教学结束时学生必须获得的学习结果或者终点行为。教学目标是一个整体,它由不同层次构成。作为学习结果的教学目标,可以根据其表述的抽象程度分为三个层次。

(1)终极教学目标:即教学所要实现的最终目标,一般包括三个方面,使学生掌握一定的知识和技能;使学生的智力和体力得到发展;使学生形成正确的世界观,并具备优秀的个性品质。

(2)中程教学目标:即阶段教学目标,就是在不同学习阶段学习者要达到的知识、技能水平。

(3)具体教学目标:就是将中程教学目标再进行细化,一般是指一个教学单元或者一次课要使学生掌握的内容。

4.了解教学情境

要使教案编写符合篮球教学的客观规律,教师应该认真了解教学情境。了解教学情境具体包括两层含义:一是要了解教学的对象,即了解学生;二是了解教学的场地与设备。

在了解教学情境之后,教师可根据多数学生的基本状况与个别学生的特殊情况,确定教学的难点,然后综合教学重点、难点、教学情境决定是否调整教学目标,使编写的教案更加符合实际情况,从而获得理想的教学效果。

5.选取教学方法

教学方法是教师“教”的方式与学生“学”的方式的综合,教师借助教和学的方式来完成教学任务。为获得良好的教学效果,教师应该正确地选择教学方法。

教师在选择和运用教学方法时应该特别注意研究教学方法赖以建立的理论基础;克服教学方法的单一化倾向;提倡多种教学方法的互补融合。

6.设计教学过程

教学过程是教师有目的、有计划地向学生传授知识,发展学生能力,进行思想教育以及学生在教师指导下主动积极学习的过程。教学过程设计的科学与否直接关系到教学任务能否高效完成。因此,设计教学过程是教案编写中非常重要的一步。

(二)编写教案的格式

教案的格式和写法有很多,在教学实践中多采用表格式,但也有用条文式的,下面就对这两种教案格式进行分析。

1.表格式教案

表格式教案是在确定课的任务以后,按照表格各栏的先后顺序,填写教学内容、组织教法、练习次数和运动量以及其他有关事项,课后再填写小结。

2.条文式教案

条文式教案是按课程进行的顺序,用文字逐条加以叙述。

(三)编写教案的注意事项

在编写篮球教学教案时,教师应该注意以下几个方面的问题。

1.应该明确本课的任务。教师应该根据篮球教学的各项要求以及学生的具体情况提出相应的教学任务与目标要求。

2.应该认真钻研教材，全面分析教材的性质、特点以及在教学中的主次位置和教材之间的纵横关系，抓住教材的要点与关键环节。

3.应该考虑学生原来的基础与接受能力以及人数、场地、器材，选择合适的练习方法，对练习的次数以及运动负荷进行科学的安排。

4.应该把握好教材之间、课前课后的联系，从而有效保证教学的完整性与系统性，以及教学方法的渐进性。

5.应该从整体把握教学任务，既要注意因材施教，还应该做到区别对待。

第五节　高校篮球教学课的组织与实施

一、高校篮球教学课的组织

（一）篮球教学课组织的基本要求

在组织篮球教学课时一定要注重篮球训练课的安排，这是因为上好篮球训练课是完成篮球运动训练计划、提高篮球运动训练水平、贯彻科学系统训练原则的关键。具体来讲，篮球教学课的组织主要有以下两个方面的要求。

1.加强篮球理论知识的学习

首先，明确训练的目的、任务，充分调动学生的训练积极性。在篮球教学过程中，教师的教学任务有很多，主要包括：坚持严格要求，严格训练；对学生经常出现的问题要及时发现，并提出解决方法；激励学生更好地完成训练任务等。

其次，培养学生的高尚道德与意志品质，这也是学生应该具备的素质。另外，教师还应该根据学生的实际情况，有针对性地选择和运用各种方法、手段，将篮球运动的基本理论与技术传授给学生，使他们的各种实际能力得到提升，促进学生体质的增强。

2.加强篮球运动的实践练习

篮球教学有其自身特点，要想顺利完成篮球教学课的相关任务，教师就必须在组织方面采取有效措施。由于客观条件不尽相同,所采取的措施也存在一定的差别。例如,一些学校场地、器材少,而班级人数多,因此在组织练习时就应该从实际出发,在练习方法上做到灵活多变,这样不仅能够保证运动量,同时还能够有效提高学生的积极性。

由于篮球教学课的组织管理工作难度较大,教师要尽可能地培养一批学生骨干,从而方便进行分组练习。由学生骨干带领、组织、帮助小组同学练习,不仅能够帮助教师开展教学活动,协助教师更好地完成教学任务,还能够增强这些学生骨干的分析、组织、管理能力,培养他们发现问题、分析问题和解决问题的能力。

(二)篮球教学课组织的主要内容

篮球教学课的组织主要包括四方面的内容,即学生的组织、训练的组织、课时安排以及合理安排运动负荷。

1.学生的组织

学生的组织主要包括两种形式,即集体(全队或小组)训练与个人训练。一般情况下,这两种训练形式往往是结合起来用的。

2.训练的组织

训练的组织内容主要是指训练课作业进行的程序和作业内容的安排。一般情况下,篮球训练课首先是进行基本技术的练习,其次是进行战术的配合,再次是进行全队战术的训练,最后进行教学比赛的训练。

3.课时安排

一节篮球课的时间通常有两种,一种是45分钟,一种是90分钟。合理安排课的时间对于教学任务的完成以及教学活动的开展具有非常重要的作用与影响。对课时安排,一般是60%的时间用于学习内容,40%的时间用来复习和巩固。

4.合理安排运动负荷

运动负荷的安排是训练课中一个非常重要的环节,是决定一堂训练课的成功与否的关键因素。在篮球训练课中,合理安排运动负荷和进行大运动负荷训练是一个不可避免且非常重要的问题。

二、高校篮球教学课的实施

篮球课的实施即对篮球课的结构进行合理安排。所谓课的结构，就是课堂教学与训练的内部组织形式，具体指的是课的组成部分、进行的顺序以及时间分配。

（一）篮球理论课

理论课包括新授课与复习课两部分，下面就对这两种理论课的结构以及组织进行分析。

一般来讲，新授课的结构包括四部分，即组织教学、导入新课、讲授新课和布置作业。其中，讲授新课是核心环节，常常需要教师花费大量的时间。在这部分教师讲解的时间要占 13%~15%，因为时间太长就会影响到学生练习，从而不利于教学效果的取得。

复习课主要是为了帮助学生巩固已经学过的知识，进一步强化并加深理解，融会贯通。复习课的基本结构包括三部分：一是组织教学，提出复习的目的与要求；二是运用多种方法进行复习；三是小结。

篮球理论课教学的主要任务就是使学生掌握基本的篮球理论知识，具体包括篮球的技术基本理论和战术基本理论，篮球运动的发展趋势，篮球运动的训练、裁判、组织竞赛等方法。

通过学习篮球理论知识，应达到理论联系实际和指导实践的目的。启发式教学是当前篮球理论教学现代化的一种重要发展趋势，即教师充分利用学校的现代教学设备，如幻灯、投影、录像，充分发挥学生学习的积极性和能动性，培养学生分析问题和解决问题的能力。用这些现代化的教学设备开展启发式的篮球教学，对于培养学生分析问题和解决问题的能力具有非常显著的效果，是值得大力提倡的篮球教学组织形式。

（二）篮球训练课

在篮球教学过程中，实践课与训练课一般都由准备部分、基本部分和结束部分组成。

1.准备部分

(1)主要目的。训练课准备部分的主要目的是使学生从生理和心理上做好承受较大和最大运动负荷的准备,从而有效防止运动损伤。

(2)主要任务。第一,组织学生,集中注意力,从而提高教学效率。第二,加强神经系统、内脏器官及各肌肉群的活动,提高其兴奋度,以活跃课堂气氛。

(3)主要内容。整理好队伍后,教师将本次课的任务与要求向学生进行简要说明。准备部分根据基本的教学、训练内容选择。通常情况下,准备部分的练习内容主要是由走、跑、跳以及各种控制球、支配球和徒手体操、游戏的练习组成。训练课不仅要进行常规准备活动,而且还要根据实际需要做专项准备活动。

(4)组织方法。通常情况下,都会采用集体形式进行组织,但并不是所有教学与训练都是以集体形式进行的,也存在特殊情况,如训练课有时根据需要也可以留出一定时间进行个人特殊准备活动。

(5)时间安排。准备部分的主要目的是在教师的组织下使学生做好进入训练状态的准备,其中身体准备活动是一堂训练课必不可少的组成部分,一般会安排 15~20 分钟。准备活动不仅能够使学生集中注意力,让身体充分放松,而且还能为基本部分的活动奠定基础。

2.基本部分

(1)主要目的。训练课基本部分的主要目的是提高学生的比赛能力和适应能力。

(2)主要任务。高校篮球教学课以教学大纲、训练计划的要求为主要依据。通过不断创造各种有利条件让学生掌握篮球运动的技战术并提高其技能,同时也要有针对性地提高其运用能力。另外,还应该循序渐进地加大运动量与强度,发展学生的运动素质,提高篮球意识、技巧和运动水平,进一步加强思想教育与心理训练,培养学生的良好作风与拼搏精神。

(3)主要内容。训练课的主要内容是以训练计划安排为主要依据。通过多种形式的练习与比赛,如身体练习、技术和战术练习、教学比赛、对外比赛等,发展各项素质和能力,从而提高实践能力。另外,还应该根据各个时期的具体任务,循序渐进地增加运动负荷量与运动强度,更大程度地增强学生的各项素质与能力。

(4)组织方法。一般情况下,基本部分是以合理安排教材内容为主要途径来组织教学活动的。教学课中进行教材内容安排时，通常是先教新章节，然后复习旧章节，巩固并强化所学知识，运动量较大的教学比赛或者提高身体素质的专门练习则放到最后进行。在进行实践课教学时，应该以课的任务和学生的具体情况以及课的时间、场地、器材等条件为主要依据，有针对性地选择较为合适的练习方法和手段。

需要注意的是，在教学过程中应该遵循循序渐进的原则，这主要表现在两个方面：一方面，进行技术教学时，应该先教单个动作，再将单个技术动作组合起来进行练习，如攻守对抗练习，最后将这些技术动作运用到比赛中；另一方面，进行战术教学时，应该先教基础配合，后教全队配合战术，最后将这些战术运用到比赛当中。

（5）时间安排。教学课（两节课连上的）的时间安排一般在70分钟左右。训练课的时间安排一般占全课时的70%左右。

3.结束部分

（1）主要目的。训练课的结束部分主要目的是通过加速排除体内积存的乳酸，使运动时的氧债得到一定补偿，使参加运动的肌肉尽快恢复到运动前的状态，最终让学生在生理上逐渐由运动状态平复下来，在心理上由运动状态逐渐恢复到平静状态。

（2）主要内容。激烈的训练结束后，应该适当做一些整理活动，从而使学生激烈的运动生理状态和紧张兴奋的心理状态逐渐缓和、平复，恢复到训练前的状态。结束部分的主要内容是慢跑、游戏、放松练习和注意力转换。而一些运动量不大的罚球、投篮练习也是比较适合的。

另外，教学课结束前，还要进行小结和讲评工作，主要有以下两种形式。

1.由教师对本次教学课进行小结。

2.由师生共同对本次教学课进行小结。要求小结简短扼要，有针对性；以表扬为主，批评为辅；以正面教育为主，尽量不进行负面教育，以免起到反作用。

3.时间安排。教学课结束部分的时间一般是5~10分钟，训练课结束部分的时间是15分钟左右。

（三）篮球观摩讨论课地实施

篮球观摩讨论课的形式较为灵活，主要教学任务和目的是提高学生的表达能力，培养学生的观察与分析能力，激发学生的创造性思维。讨论课多在进行篮球技战术分析、规范裁判法的教学时采用。

在开展篮球观摩讨论课之前，教师应该对学生讲明观摩的内容、观察的重点、要解决的问题，以及纪律方面的要求。观摩对象可以是某次篮球课或篮球比赛，也可以是篮球技战术电影或录像。学生在观摩过程中应该做好笔记，记下自己的感想和体会，并提出疑问，为之后讨论做好准备。篮球观摩课结束后，应该及时组织讨论，一般先由教师进行引导性发言，然后学生围绕议题进行发言。在讨论课之中，教师作引导性发言，然后组织学生围绕本次课的议题进行民主式发言。教师应该在讨论结束时作总结性发言，对讨论的问题和学生的讨论情况进行评述。

（四）篮球实习课

篮球实习课的目的主要是提高学生的训练能力、裁判水平以及竞赛组织能力等。

在实习开始时，教师首先应该确定好实习学生的人数，指导学生做好充分的准备工作。对实习过程做好观察记录，在实习结束时，教师对学生的实习情况及时进行评价，也可以鼓励学生参与实习课的讲评与讨论。参加实习的学生应该对实习课进行总结，从而为学习能力的提高打好基础。

参考文献

[1]刘云民,王恒.篮球教学与训练[M].哈尔滨:哈尔滨工程大学出版社,2015.

[2]于振峰.现代篮球技术学练设计[M].北京:高等教育出版社,2013.

[3]黄滨,翁荔.篮球运动[M].杭州:浙江大学出版社,2014.

[4]唐建倦.现代篮球运动教程:理论·方法·实践[M].广州:华南理工大学出版社,2014.

[5]朱国权.篮球[M].北京:北京师范大学出版社,2008.

[6]徐泽民.篮球文化的思考与探索[M].长春:东北师范大学出版社,2013.

[7]陈新.篮球文化与篮球市场[M].北京:北京体育大学出版社,2016.

[8]杨靖.高校篮球文化的传播与发展研究[M].长春:吉林大学出版社,2015.

[9]刘学奎,刘彬,李斌.篮球运动教育教程[M].长春:吉林大学出版社,2017.

[10]薛山.我国高校篮球文化发展的科学性研究[M].长春:吉林大学出版社,2014.

[11]何少钧.篮球专业技术课程教学创新现状与发展对策研究[J].吉林体育学院学报,2008(03).

[12]阳国诚.普通高校篮球选项课程技术教学创新的几点思考[J].体育科技,2003(04).

[13]于嘉琪.现代篮球战术创新理论的新探讨[J].经营管理者,2010(06).

[14]胡兆蕊.对高校篮球专业学生篮球战术的反思与创新[J].东方企业文化,2014(09).

[15]赵连现,张明记.我国篮球教学理论的发展与特征研究[J].赤峰学院学报(自然科学版),2008(07).

[16]章永健,顾红伟.现代篮球技术教学与训练探究[J].科学导报,2016(08).

[17]秦莉.浅谈青少年篮球运动员的选材[J].今日中国教研,2017(03).

[18]张广宇.论校园篮球文化建设对高校篮球教学的意义[J].艺术品鉴,2016(11).

[19]张帅,刘海朝.大学校园篮球文化建设的研究[J].体育时空,2016(13).

[20]欧世伟.新时期高校校园篮球文化建设路径研究[J].福建广播电视大学学报,2013(04).

[21]郑爱莲.构建校园篮球文化的意义[J].价值工程,2011(20).

[22]任贺.高校篮球教学效果评价及改革策略研究——基于多元智能理论的启示[J].当代体育科技,2014(13).

[23]范迪峰.高校篮球教学创新策略探讨[J].中国市场,2016(28).

[24]孔蕊.校园文化视角下篮球文化的探析[D].湖南师范大学,2012.

[25]巩庆波.中国篮球文化主要特征及发展对策研究[D].武汉体育学院,2006.

[26]王莉敏.高校篮球精神文化探微[D].郑州大学,2015.

[27]兰珺喆.高校篮球精神文化研究[D].西安工业大学,2012.

[28]张松奎.我国大众篮球运动发展研究[D].北京体育大学,2008.